Unos días enseñas, y otros aprendes

Unos días enseñas, y otros aprendes

David González del Saz y Jorge Suay Greses

Círculo Rojo
EDITORIAL

Primera edición: marzo 2024

Depósito legal: AL 499-2024

ISBN: 978-84-1061-820-6

Impresión y encuadernación: Editorial Círculo Rojo

© Del texto: David González del Saz y Jorge Suay Greses
© Maquetación y diseño: Equipo de Editorial Círculo Rojo
Editorial Círculo Rojo

www.editorialcirculorojo.com
info@editorialcirculorojo.com

Impreso en España — Printed in Spain

El papel utilizado para imprimir este libro es 100% libre de cloro y por tanto, **ecológico**.

ÍNDICE

1. INTRODUCCIÓN

"LA EDUCACIÓN VISTA POR DON CHUPIGUAY"

Con todo esto de que la educación es una profesión en la que hace falta vocación (como si en las otras fuera innecesario), se da a la sociedad la imagen de que los que estamos en el tajo lo hacemos por una inspiración casi divina, y que nos damos por pagados con la sonrisa de un niño, el trinar de un pájaro o el revolotear de una mariposa junto a la ventana de nuestra aula.

¡Basta ya, por favor!

Seamos serios y rigurosos: la vida en general no es tan bonita y colorida como esas alucinaciones lisérgicas en tonos pastel con las que cierta marca (Don Chupiguay, o algo así, de inglés no controlo) nos satura la mente. Ni muchísimo menos. La vida está llena de momentos -qué digo momentos, ¡épocas!- de castigo en las que con gusto saldría uno a la calle a repartir un poco de jarabe de palo sin miramientos. Los planes se tuercen más que el alambrillo del pan de molde, los compis meten puñaladas traperas como para convertirte en un alfiletero y queda poco en el mundo que se pueda anotar en la lista de lo "fiable".

Pues ahora, imaginad cómo puede ir la cosa en el mundo de la docencia: en la cima de la pirámide educativa tenemos a los políticos, en su enorme mayoría profesionales de la mamandurria que han llegado ahí nadie sabe bien cómo (se da el caso de que, en nuestra comunidad autónoma, hemos tenido incluso toreros, forenses y economistas dirigiendo la educación), y tampoco saben bien cómo gestionar este universo tan extraño. Por norma general, no se les tiene en gran estima porque se les ve como unos advenedizos que, igual que están en la consejería o ministerio de educación, podrían estar dirigiendo el ministerio de obras públicas, la portavocía de su partido o una central nuclear. Para ser sinceros, con una legión de asesores alrededor, hasta un caballo muerto podría ocupar ese puesto.

Estos son los encargados de hacer -supuestamente defendiendo los intereses públicos, pero la mayoría de veces los propios de su partido- las leyes. Leyes que, en no pocas ocasiones, pueden hacer que los fondos públicos vayan a un bolsillo más "cercano" al suyo. Cada vez que un gobierno -central o autonómico- cambia de color, los docentes calentamos por la banda a la espera de ver por dónde nos viene el primer guantazo.

Puede parecer exagerado, pero por cosas tan nimias como mover una coma, sucede que alguna asignatura de dudosa utilidad se fosilice en los currículos educativos y, sin embargo, horas de refuerzo en materias imprescindibles para el desarrollo académico y humano de los alumnos desaparezcan por el retrete con un tirón de cadena. No hablemos ya de que los fondos destinados a proporcionar unas instalaciones semi-dignas a la educación pública se destinen con conciertos poco (o nada) necesarios para que las familias adineradas no tengan que gastar su abundante dinero en educación elitista y segregada. Ya lo decíamos en el libro anterior: el fallo de la educación pública es que patrocina a su propia competencia.

En un segundo nivel tendríamos a la burocracia puramente dicha: inspectores que atosigan con que presentes las previsiones del curso que viene, o las programaciones mejor escritas que un libro de Garcilaso, o cualquier otra historia, pero te dan largas cuando reclamas su presencia y autoridad para algo urgente; directivas que llevan en el cargo más años que el rodapié de la cueva de Altamira, y que ya piensan que podrán dejar el cargo en herencia a sus "ungidos", acumulando cargos para huir de ejercer de docente; jefes de departamento despóticos, que llevan ya varios años con el piloto automático puesto, deslizándose hacia la jubilación como si fuesen montados en un ala delta, haciendo dejación de funciones y pasando de todo entre mucho y muchísimo; compañeros de claustro y departamento con el mismo grado de empatía que un rebaño de hienas con una cría de ñu, dispuestos a hacer quedar mal a los demás, si eso les permite coger el próximo año los grupos "buenos" y dejarle los complicados "al que venga detrás".

Y en el tercer nivel estás tú, querida personita que está leyendo esto.

Las cosas no siempre serán tan oscuras como te las acabamos de pintar -puede incluso que nos hayamos pasado en nuestro malrollismo vital-, pero preferimos que vayas preparado para lo peor, y si tienes que llevarte una sorpresa, que sea porque hemos exagerado los rasgos negativos. En definitiva, si has decidido que quieres ser docente porque has visto muchas veces "Sonrisas y lágrimas" y te llaman mucho la atención los mensajes positivos de esa máquina de hacer dinero llamada "Don Chupiguay"; si te ves a ti mismo rodeado de niños cantando mientras tú tocas la guitarra en un prado lleno de flores, o jugando con plastilina y levantando la mano para preguntar cosas agudas mientras les cae un chorro de moco de la nariz; si te ves participando en el "Amigo invisible" con tus compañeros de departamento y todos reciben algo que les sorprende positivamente... En ese caso, te recomendamos que muerdas una bala o, en su defecto, algo sólido y resistente. Porque lo que vamos a contar en estas páginas te va a hacer pupa. A todos los demás, os queremos en nuestro bando.

2. NUEVOS PALABROS

Cada década se han ido sumando tareas a la función docente. Un profe del siglo pasado pasaba su vida sin reciclarse, ni expandirse, ni aprendiendo nuevas palabras cada año. Era un experto en su materia y punto.

Con la llegada de internet, el rol del profesor ha ido cambiando. Ya está toda la información en la red, sólo hay que filtrarla. Así que los profesores destacamos un elemento que antes era secundario: el de formadores de ciudadanos. Nos volcamos en aprender a tratar con las emociones gracias a infinitos cursillos. Y luego llegó la ola de que había que aprender inglés, que era el santo grial para encontrar empleo. Y ahora es la competencia digital, por si se pusiera enfermo el coordinador TIC. Mi apuesta es que en el futuro sólo aceptarán profesores que hayan completado una maratón, midan 1,80 m y sean rubios. Al tiempo.

A raíz de los continuos y extenuantes cambios de legislación, hay palabras y acciones que van cambiando. En España, en los años que siguieron al establecimiento de la "democracia", hubo varias leyes educativas. Yo empecé mi educación secundaria con la LOGSE (Ley Orgánica General del Sistema Educativo de 1990), denostada por los que vivieron el sistema anterior (LGE o Ley General de Educación), pero una maravilla comparada con lo que iría viniendo después. La LOCE (Ley Orgánica de Calidad de la Educación) de 2002, la LOE (Ley Orgánica de Educación) de 2006 –sí, en efecto, lo de "calidad" desapareció por todo el morro-, y la LOMCE (Ley Orgánica para la Mejora de la Calidad Educativa) de 2013. Y la nueva LOMLOE (Ley Orgánica para la Modificación de la LOE). Si algún día me nombran ministro, la ley se llamará LOE buena-buena-ésta-sí +.

Resulta curioso cómo los sucesivos gobiernos "conservadores" se apresuraban en ponerle a su ley educativa la etiqueta "Calidad", que los sucesivos gobiernos "progresistas" se esmeraban en eliminar lo antes posible. En realidad, la calidad sólo se encontraba en el nombre de la ley, porque a nivel de contenidos, lamentablemente, el nivel de exigencia ha ido cayendo vertiginosamente en pos de conseguir el mayor porcentaje posible de titulados que pudiesen demostrar la efectividad de dicha ley. A la postre, y dentro de un escenario europeo en el que todos miran el rendimiento en el escaparate del informe PISA, daba igual lo que sucediese en las aulas, siempre que los alumnos saliesen con el diploma bajo el brazo, por lo que se fueron creando distintos "programas", cofinanciados con fondos europeos, para intentar disimular que se les estaba regalando prácticamente dicho diploma. Diploma que, de igual manera, fue perdiendo valor.

Es aquí donde tenemos todo un campo abonado para que proliferen nombres rimbombantes, producto de la mercadotecnia, que sólo se pueden manejar a base de acrónimos.

PGA. "Programación General Anual". De todos es sabido que no te puedes poner a enseñar si antes no has preparado QUÉ tienes que enseñar, CÓMO lo tienes que enseñar y CUÁNDO lo tienes que secuenciar. Eso se llama "programarse", y es mano de santo para que cuando acabe el curso no se te haya quedado el temario a mitad. Tú te programas tus clases, tu jefe de departamento entregará a principios de curso las programaciones del departamento para todos los niveles, y el jefe de estudios recopliará todas las programaciones de todos los departamentos en un único documento (megatocho) llamado "Programación General Anual", donde quedan recogidos un perfil del entorno socioeconómico del centro, los horarios de los profesores de cada departamento, qué va a hacer cada grupo, cómo va a llegar a esos objetivos y cosas por el estilo.

Normalmente este mamotreto se coloca a principios de curso en la sala de profesores para que quien quiera, le pueda echar una ojeada. Con una mano me sobran dedos para contar cuántos harán eso. Dicho documento sólo lo tocarás, si acaso, para incluir alguna excursión que te apetezca hacer, porque ha de estar incluida en dicha programación. En el primer claustro del curso se anuncia que el documento se encuentra en dicha sala, que quien quiera la puede hojear o, si lo ha hecho ya y tiene alguna objeción, puede exponerla… Vamos, que no se la mira ni el que la imprime y coloca ahí. Podría ser una enciclopedia ilustrada y no se daría cuenta nadie. Menos mal que la digitalización ha llegado para ponerla online y que siga huérfana de lectores pero sin tener que talar tantos árboles.

PAM. "Plan de Acción para la Mejora". Me voy a permitir una pequeña revancha, y voy a echarle la culpa del desastre educativo a la sociedad, ya que lo habitual es que sea la sociedad la que nos carga el mochuelo a los docentes. El "Plan de Acción para la Mejora", "PAM" para los docentes, surge como consecuencia de tener unos resultados entre mediocres y malos o, simplemente, porque se considera que se pueden mejorar aspectos del proceso educativo –lo cual no suele ser muy complicado. Si hago memoria, creo que nunca lo he tenido delante, aunque en las reuniones de tutores sí que se nos ha sermoneado largo y tendido al respecto. Como si tuviésemos una varita mágica que permitiese controlar las mentes de nuestros alumnos, vamos… En dicho plan se contemplarán medidas para facilitar que los alumnos adquieran conocimientos o, en realidad, para facilitar que obtengan el graduado en secundaria. Desdobles de grupos, asignaturas agrupadas por ámbitos, adaptaciones curriculares, diseño de materiales especiales, salidas educativas… Supongo que esos planes de mejora necesitan un estudio de viabilidad y unos recursos económicos y humanos, por lo que una vez aplicados, hay que comprobar si la inversión económica y en recursos humanos tiene un "retorno". Si la experiencia es provechosa, se suele seguir aplicando y extendiendo, y si no, suele dejarse aparcada hasta otra ocasión más apropiada.

PAC. "Programa de Aula Compartida". El Programa de Aula Compartida era, o eso creía yo, una medida excepcional que sólo se "invocaba" cuando tenías unos cuantos alumnos, normalmente repetidores de 1º de la ESO, con un perfil claro de absentismo escolar, nulos resultados académicos y conflictividad manifiesta. La Constitución Española les garantiza el derecho a la educación, obligatoria hasta los 16 años (de momento) pero a nadie en su sano juicio se le ocurriría meter a alguien con ese perfil en un grupo que funcione bien, con la pretensión de que "se le pegue" algo de dicho grupo. Se corre el riesgo –muy elevado, además- de que el tiro nos salga por la culata, y que un solo alumno nos reviente por completo no ya una sesión, sino todo el 1ºB, por ejemplo.

Es por eso que, con el beneplácito de los padres, y después de haber sufrido un año agónico viéndolos deambular por los pasillos y el patio, se les incluye en este programa. ¿Beneficios? Para el alumno, que ha demostrado poco amor al aprendizaje teórico y a estar sentado en un aula en silencio y trabajando, todos: su jornada escolar de 30 horas semanales se queda en la mitad, habitualmente las tres primeras horas de cada día, y las otras 15 horas su "aula" es alguna empresa o centro de día al que acuden a echar una mano con tareas eminentemente prácticas. Antaño, a esto se le llamaba "aprendices".

¿Beneficios para el profesorado? Imagina que eres tan afortunado que aquel alumno que te hacía la puñeta el curso pasado, este año está en un PAC y, por casualidad, no tiene tu asignatura. O que sí la tiene, pero ha de comportarse so pena de que le excluyan del programa PAC. Sobre el papel, tanto el alumno como el profesor salen beneficiados ya que la conflictividad en el aula prácticamente desaparece. En la práctica, es complicado impedir que los alumnos de Aula Compartida la líen cuando están en el centro. Insisto: las varitas mágicas no existen. Pero al menos, su horario es la mitad, por lo que sólo te molestarán la mitad de tiempo. La cuestión es que, según avanza el curso, muchos se van dando cuenta de que tampoco les gusta estar trabajando gratis por ahí, así que puede darse el caso de que te aparezcan por el centro otra vez, pero esta vez sin rumbo alguno y molestando igual o más que al principio. Es un tema difícil de controlar, no nos engañemos, y necesita de un estricto control por parte de todas las partes implicadas.

PDC antes PMAR. "Programa de Mejora Académica del Rendimiento". Este programa surge como "ampliación" y renovación del antiguo "PDC" o "Programa de Diversificación Curricular" (curioso que hayamos vuelto a la misma nomenclatura). Tras varios años de aplicar la diversificación curricular a los alumnos de 4º de la ESO, y ver que funcionaba, se intentó ir a la raíz del asunto. Anticiparse a los problemas antes de que éstos ya no se puedan arreglar. En el PMAR se mete a los alumnos que acaban 2º de la ESO con unos resultados flojos por falta de capacidad, problemas personales o que ya venían de antes con adaptaciones curriculares. Un 3º ESO estándar sería un reto inalcanzable para ellos, a la vista de los resultados y el perfil del alumnado, por lo que se les agrupa aparte, se les rebaja el nivel de exigencia con asignaturas por ámbitos, y se va a lo básico-básico. Despacito y buena letra.

PDC4. "Programa de Refuerzo 4". Anteriormente PR4, es la evolución de dicho programa y escalón siguiente al PMAR. La idea en este curso es que el alumnado obtenga el título en educación secundaria, por lo que además de tener asignaturas por ámbitos y una agrupación "acogedora", se suele tener un poco de manga ancha a la hora de evaluar. La queja que se suele oír al respecto es "¿por qué alguien que estudia en PR4 obtiene el mismo título de secundaria que alguien de un 4º de la ESO ordinario?". En la vida real, el itinerario de un alumno de PDC4 raramente se cruzará con el de un alumno de 4º que tenga pensado hacer un bachillerato y un grado universitario.

Competencias incompetentes

Esto ya merece en sí un apartado. Como hemos visto anteriormente, en España se cambia de ley educativa casi cada vez que el Gobierno pasa de conservadores a conservadores-pero-vestidos-de-otro-color. En teoría, para ajustarse a la realidad de las aulas; en la práctica, para desmontar lo que hizo el anterior gobierno, no nos engañemos.

La denostada LOMCE, también llamada "Ley Wert" en "honor" a su creador, daba un giro más allá: no sólo seguía el baileteo de asignaturas que cuentan o dejan de contar para la nota media. El giro principal es que se empieza a evaluar **por competencias**.

Me veo venir el comentario: "Pues si evaluamos por competencias, el 90% del Congreso se va fuera".

Evaluar por competencias implica que nos olvidamos de poner los exámenes en que se evalúa de 0 a 10, notas que luego juntamos con el comportamiento en clase, el trabajo en el aula y en casa, y ese larguísimo etcétera que ya sabéis (o deberíais saber), y con una hoja de Excel se traduce en la nota final. 5 o más, aprobado; 4 o menos, suspendido.

En su lugar, lo que nos piden ahora es que evaluemos *el proceso de aprendizaje*. No ya los contenidos que se adquieren, sino las *habilidades* que se aprenden y desarrollan. Esas 8 habilidades se denominan **competencias**. Y por supuesto, llevan su acrónimo correspondiente, para hacerte la vida un poco más críptica y miserable:

- **CCL**. "Competencia en Comunicación Lingüística"
- **CMCT**. "Competencia Matemática y competencias básicas en Ciencia y Tecnología" (aquí no han tenido narices a usar el acrónimo completo)
- **CD**. "Competencia Digital". Parece hecho a cachondeo, pero hay que reconocer que lo han parido muerto.
- **CPAA**. "Competencia Aprender a Aprender". ¿Y la "P", de dónde sale?
- **CSC**: "Competencias Sociales y Cívicas"
- **SIE**: "Sentido de la Iniciativa y Espíritu emprendedor". Falta una "E", amiguetes...
- **CEC**. "Conciencia y Expresiones Culturales"
- **CP.** Competencia plurilingüe.

Diréis que bueno, tampoco es tan complicada la cosa y que se entiende bastante bien el por qué. Cierto es que hay algunas competencias que son más "amigables" en según qué asignaturas (se supone que cada materia ha de tocar TODAS esas competencias, ojo), pero que es complicado evaluar la competencia matemática en lengua española, si no es porque les haces contar los errores de ortografía y copiarlos 300 veces.

Pues aún no habéis visto nada. Esas competencias no se miden ni con una regla, ni contando las sílabas que tienen, ni a ojo de buen cubero. La LOMCE se saca de la manga algo llamado **"indicadores de éxito"** (seguimos con la mercadotecnia, como podéis ver), también llamadas **"rúbricas"**. Para los que tengáis o hayáis tenido un equipo de música de los de antes, y sepáis usar un ecualizador, viene a ser lo mismo. Cada competencia se divide en una serie de "cosas que vas a evaluar" (en la nueva terminología, "marcadores de éxito"), y que no vas a graduar con numeritos del 0 al 10, sino en una escala que, por ejemplo, vaya desde "desconoce el uso de los números naturales, o incluso su existencia" a "calcula logaritmos neperianos a tal velocidad que la NASA ya se lo quiere llevar a Houston". Seguramente, y por inercia, encima de cada uno de esos "puntos de graduación", pondrás un numerito y harás más o menos la trampa, como hacemos todos. Bien por ti. Porque al final, cuando tengas que entrar al sistema de poner la nota, te siguen pidiendo una nota del 1 al 10 (la ESO no permite calificar con un 0, entiendo que lo sabías ya, y si no, ¡sorpresa!).

Entonces, ¿para qué puñetas te han hecho cambiar TODO el sistema de evaluación, ponerte a medir tantos y tantos parámetros, compararlos, monitorizar su evolución, si al final de todo la nota vuelve a ser un número?

"Eccoli qua".

DUA (Diseño Universal de Aprendizaje): Es como esa receta que te hace salivar sólo de leerla y ver la foto, y que acaba en la basura al catarla. Se trata de crear oportunidades para todos, sin barreras y educando en igualdad. En la práctica, con las clases masificadas es papel mojado. Los fundamentos son tres: contenidos (qué aprender), motivación (cómo aprender) y el uso de metodologías activas (transformando al alumno en profesor). Muy conectado con las competencias, desactiva los contenidos como referencia y pasamos a darle valor a la mejora individual.

Posicionarte contra el diseño DUA parece retrógrado. Se trata de que mejoremos como profesores y que el aula sea un lugar más amable para los alumnos. Pero no funciona. Y no funciona porque actualmente estamos infrafinanciados y con las clases masificadas. Para que haya una verdadera inclusión, la atención del profesor debe repartirse individualmente entre sus alumnos. 30 alumnos y clases de 55 minutos te dan a apenas 2 minutos por persona. Tarea imposible. Claro que hay que incluir diferentes niveles de aprendizaje y adaptar las tareas a las capacidades individuales, eso es evidente, pero ¿cómo se hace si vas al límite de tus energías en clases abarrotadas y sin material aparte de una pizarra con proyector? Pero parece que con invocar el nombre DUA ya se solucionan los problemas. "Yo uso el DUA y me funcionó", parece un anuncio de televisión.

Aprendizaje por retos: Algo que los idiomas ya llevaban haciendo desde los 60, gracias al consejo de Europa, pero ahora tiene un nombre que soltar en las oposiciones. Hay que plantear a los alumnos temas que estén cercanos a ellos, solucionando problemas que les sean interesantes. Todo con *brainstorming*, presentaciones de trabajos y evaluado por rúbricas. Mismo perro, distinto collar.

Aprendizaje por servicio: Combinamos aprendizaje y servicio a la comunidad. Esto les encanta a los maestros. Básicamente es un voluntariado guiado por el centro. La idea es buena, pero consume tiempo y recursos como una estufa en Alaska. Al final suele pasar que, tras tan largo proceso, tampoco se devuelve tanto a la comunidad como se esperaba.

Habilidades blandas: Viene del mundo de la empresa, que siempre está tosiendo encima de los docentes para que les entreguemos trabajadores más dóciles. Se trata de esas habilidades que podéis encontrar en la típica taza que te regalan durante un amigo invisible en una compañía: comunicación, liderazgo, gestión del tiempo, flexibilidad, orientación a resultados o negociación. Tras haber pasado años en el mundo empresarial, a mí me suenan a: saber callarte ante el jefe, encargarte de proyectos tú solo, hacer mucho trabajo en poco tiempo, hacer horas extras, perder el culo por finalizar los proyectos y tatuarte que tienes las de perder si le hablas al jefe.

Traducidas al aula, se trata de valorar lo que es poco evaluable mediante el método tradicional de exámenes pero que ya estaba presente en las aulas desde siempre. Dar coraje a ese alumno que no se atreve a salir a la pizarra, enseñar a entregar las tareas en un periodo concreto, aprender a gestionar un grupo y que todos colaboren… pero ahora con un nombre chulo.

CRA (colegio rural agrupado). Rosalía, cra, cra. Un CRA integra varios niveles en una sola aula debido al bajo nivel de natalidad de la zona. Allí conviven los alumnos de diferente edad o incluso distintas localidades, y colaboran en un ambiente relajado. Suelen ser buenos centros donde trabajar por proyectos y hacer todas esas actividades que resultan imposibles para la mayoría de profesores por masificación. Hay que tener cuidado de no regodearse en lo idílico de la situación para que los alumnos no sufran un annus horribilis cuando migren a un centro más grande.

ADI (aulas digitales interactivas): Otra de esas fantasmadas que no se llevan a cabo por falta de presupuesto. En tanto que vivimos en un entorno digital, la ADI es un espacio dentro del aula con los suficientes medios técnicos como para que los alumnos interactúen con pantallas táctiles o punteros.

Esta idea no es nueva. De hecho, llevamos con las pantallas digitales desde mediados de los 2000. La mera idea de que esto contribuye a la mejora de la educación es lo que me sorprende. He usado pantallas digitales en el aula y su uso por parte de los alumnos es residual. Los ejercicios de conectar A con B se hacen desplazando el dedo, sí. Y se puede escribir (mal) con un puntero. Y dibujar (mal) con el dedo. Pero la tiza ya hacía esto siglos atrás.

Los alumnos quieren usar las pantallas, claro. Pero para lo que a ellos les gusta, no para estudiar. Igual que tú y yo.

Como anécdota, paso a relatar un caso que me ocurrió hace bastante tiempo en Tarragona. El coordinador TIC había escuchado la noticia de que se iban a hacer entrega de pantallas interactivas a los centros educativos y allá que se fue al departamento de educación en busca de la que tocaba a nuestro instituto. Cuando regresó, su cara era un poema. Me llamó porque sabía que tengo mano con la tecnología y, en un aula vacía, me enseñó lo que le habían dado: ¡Un mando de la Nintendo Wii! Yo pregunté por la famosa pantalla y me respondió que era el mando. Resultó ser que la comunidad modder había descubierto que un Wii remote apuntando a una mesa podía servir de emisor para usar una pantalla estándar de una manera más interactiva. Y sí, desde la Consejería le dieron un mísero mando.

Pasamos dos horas haciendo pruebas, viendo vídeos e instalando programas hasta conseguir más o menos lo que se mostraba en las páginas de modders. Y concluimos que para el día a día en el aula no servía para nada. Dinero gastado inútilmente. Poco, desde luego.

Transiciones: El momento en que se cambia de una actividad a otra. Sí, es obvio. La novedad es que hay que crear expectación. Vender el producto. Suena a publicidad, ¿Verdad? Pues es exactamente eso. Explicar que lo que van a ver es genial lleva a la mayoría a creer que realmente es genial. Una ronda de preguntas a ver si adivinan lo que pasará, una canción de la que sólo se escuchan unos acordes… si nuestros alumnos caen todos los días en el *clickbaiting*, ¿por qué no aprovecharlo?

Situaciones de aprendizaje: Como en la cocina, hay que poner atención a todas las partes de una clase. Las actividades deben ser útiles y funcionales, algo que se pueda usar en el día a día. Los recursos materiales deben estar a mano. De nada sirve soñar con tener una clase con más ordenadores que la nave Enterprise mientras nuestros alumnos no pueden acceder a otra cosa que no sea un bolígrafo. Hay que presentar retos y los grupos deben obedecer a las necesidades de la tarea, desterrando ese "poneos como os dé la gana" o "yo con ese no me junto".

Competencia digital: Dividida en varios niveles al estilo EOI, van desde el A1 al C2. Es lo que está de moda en Europa y la nueva tontería a la que vas a dedicar tus tardes en cursillos tan aburridos como gravosos para tu bolsillo.

Según el BOE, resolución 4 de mayo de 2022, los niveles van así:

A1: Utilizo tecnologías digitales para la comunicación en función del contexto.

A2: Utilizo, de forma guiada, las herramientas de comunicación establecidas por la Administración Educativa (AE) o los titulares del centro siguiendo las políticas de uso aceptable.

B1: Utilizo de forma correcta, autónoma y selectiva las herramientas de comunicación establecidas por la AE o los titulares del centro.

B2: Aplico y difundo (en el centro) el uso de tecnologías digitales para la comunicación en nuevos contextos.

C1: Evalúo las tecnologías digitales y su uso en el centro para hacer propuestas de mejora de la comunicación organizativa. Formo a otros miembros de la comunidad educativa sobre el uso adecuado de las tecnologías digitales de comunicación del centro.

C2: Hago contribuciones innovadoras para la mejora de la comunicación organizativa en los centros educativos atendiendo a criterios de calidad, eficiencia, accesibilidad, requisitos técnicos y de conformidad con la normativa vigente.

Te lo traduzco: A1 es llevar un móvil en el bolsillo y saber que WhatsApp e Instagram son dos aplicaciones diferentes. A2, encender el ordenador, que te creen un usuario y conseguir usar la web de la administración (ya sea para pasar faltas o comunicarse con los padres). Si tienes dudas, llama a un compañero que te ayude. B1, poder comunicarse con tu centro educativo usando la red. Con mandar un correo basta. Poder usar la web de la administración sin ayuda. B2, no sólo te comunicas, sino que has ido probando todas las pestañas en la aplicación y acabaste en el bar fardando de ello. C1, te has dado cuenta de los errores en la aplicación y se te ha ocurrido una solución. Estás trabajando y le solventas las dudas a alguien en nivel A2. C2, proyectas nuevas herramientas (y que las programe otro, supongo).

Como ves, se trata de que nadie pueda pasar al nivel C1 a no ser que sea informático o le den el título sus amigos. Los niveles A y B se aprenden sobre la marcha. Te van guiando y acabas ayudando a otros en cuanto alcanzas la maestría. La duda es cómo vas a formarte si no estás trabajando, pero para eso ya habrá empresas ávidas de tu dinero.

3. EL DISEÑO DE LOS CENTROS

A poco que hayas rodado por varios centros, o incluso mejor, si has tenido la oportunidad de ver cómo funciona la educación en otros países de la Unión Europea, te habrás podido dar cuenta de una cosa: hay muchos, pero muchos tipos de recinto escolar. Si tu caso ha sido el de probar la docencia en otros países europeos, ¿qué tal ha sido el volver a aterrizar en las aulas de este país? ¿Muy traumática? ¿Son odiosas las comparaciones o qué?

El diseño y construcción de colegios e institutos, del mismo modo que la educación propiamente dicha, es competencia de las comunidades autónomas desde los años 80. Hay cierta lógica imperante en este hecho, ya que es una labor mastodóntica en sí, y siempre será más ágil que ciertas cosas se gestionen de forma local. No sólo por agilidad, sino también para poder atender a las "características especiales" que puedan surgir en cada caso: la carga lectiva en una provincia con lengua autóctona cooficial, siempre será algo distinta a la carga lectiva en una provincia sin ella; los recursos humanos necesarios para llevar un colegio en una zona con mucha inmigración siempre serán más exigentes que para un colegio en una zona rural aislada en las Hurdes; un instituto en Burgos tendrá que estar construido de una forma distinta a un instituto edificado en Écija, y así con innumerables factores.

Empezaremos con una dicotomía similar a la famosa "¿qué fue primero, la gallina o el huevo?". ¿Se diseña un centro educativo en virtud de sus futuros alumnos, o se construye como buenamente se puede, y ya luego los alumnos que se busquen la vida para adaptarse?

Escuelas e institutos "históricos".

Pues, aunque lo ideal sería lo primero, la verdad es que no siempre ha sido así. Tiempo atrás, a principios del siglo XX, se construían edificios buscando la máxima funcionalidad (principalmente se buscaba tener mucho espacio), y ya luego se le buscaba una funcionalidad (o varias) a la construcción. De esa época son las típicas escuelas e institutos de aulas amplias, techos altos y grandes ventanales acristalados. Enormes pasillos, poblados de aulas a derecha e izquierda, un salón de actos, una sala de profesores (minúscula, normalmente), y un patio para que los alumnos se oxigenasen durante un rato y jugasen. Ni laboratorios, ni aulas de música, ni (por supuesto) aulas multimedia. El equipamiento era sumamente espartano: un pupitre y silla por cada alumno, una o dos pizarras y, atentos, una tarima sobre la que se encuentra una mesa y silla para el profesor. Esa tarima, que te permite elevarte sobre tus alumnos entre 20 y 50 centímetros (un par de escalones), te da una perspectiva fantástica sobre aquellas últimas filas cuya actividad nunca consigues ver si estás a ras de alumno. También te permite proyectar tu voz más allá de los 5 metros habituales. Si además de la tarima, resulta que tu aula está dispuesta como si fuese un anfiteatro, una de dos: o en tu centro antes se organizaban peleas de gladiadores y naumaquias, o tus cuerdas vocales van a descansar ese año.

Si se ha mantenido en condiciones aceptables de conservación y actualización, son lugares muy cómodos para impartir clases: suelen estar ubicados en una zona transitada de la población, tienen una infraestructura consolidada alrededor y, en general, los muchos años de servicio le dan una pátina de prestigio y de respetabilidad que abruma a los alumnos y los hace un poco más dóciles. Seguramente los padres de tus chicos, o igual hasta sus abuelos, han estudiado ahí. Incluso es probable que en algún pasillo estén colgadas las orlas desde los años 50 del pasado siglo, y ahí te puedas encontrar cosas bastante sorprendentes. Como, por ejemplo, a algún compañero de trabajo veterano en su época estudiantil. Risas aseguradas.

Pero como era de esperar, estos centros tienen varios hándicaps que pasamos a analizar:

- **instalación eléctrica**: Si no se le ha pegado un buen remozado, lo primero que va a petar en cuanto llegue el invierno y alguien conecte un calefactor eléctrico o un radiador. ¡A hacer puñetas! Ya ni me molesto en imaginar qué pasaría si intentásemos conectar una veintena de ordenadores y un proyector.

- **comunicaciones:** o lo que es lo mismo, conexión a internet. Suponiendo que la instalación eléctrica permitiese la conexión de unas decenas de ordenadores y que la instalación telefónica no sea aún de par cobre (dos cablecillos, sin fibra óptica o ADSL), el problema número 1 se llama Wi-Fi. El encargado TIC del centro va a tener que asegurarse de que en cada aula haya un punto de acceso, o pasar más cable Ethernet que kilómetros tiene el ferrocarril Transiberiano. Lo que en otros centros se arregla poniendo un punto de acceso potente por planta, en los centros vetustos es insuficiente. ¿Por qué? Porque el grosor de los muros en ocasiones supera los 40 centímetros, y sería más fácil llevar Wi-Fi al yacimiento de Atapuerca que a través de esas paredes.

- **climatización:** dos cositas. En las antiguas escuelas e institutos, la gente iba a lo que iba, a aprender. Y cuando llegaba el invierno, se abrigaban para ir a clase. Estaban locos, nuestros ancestros. Cuando el frío arreciaba, había calderas y estufas de leña o carbón y, más tarde, de gasoil, y tiraban de radiador. El principal problema estaba en el aislamiento del edificio, porque no solían estar equipados con dobles cristales y mucho menos con Climalit. Los ventanales solían ser de madera, con lo que al pasar los años tendía a ceder, y por las rendijas se iba todo el calor. Si hubiese que hacerle una auditoría energética a esos centros hoy en día, más de uno se quedaría en la categoría "H".

Y, en segundo lugar, y hablando de eficiencia: los techos altos son enemigos acérrimos de la climatización. El aire caliente tiende a subir y a acumularse en el techo. Si ese techo está a unos 3 metros y medio, el aula no es excesivamente amplia, y las ventanas están bien aisladas, el calorcito se quedará durante bastante tiempo (y si no, en cuanto metas a 24 alumnos, te va a sobrar hasta ropa). Pero si los techos están a más de 5 metros de altura y es un aula como para 50 alumnos, ya puede estar la calefacción a todo trapo, que vas a pasar más frío que haciendo la mili en Teruel.

- **accesos:** He estado en un par de centros antiguos que ni siquiera tenían ascensor. Los alumnos con problemas de movilidad lo tienen complicado o están condenados a dar clase en la planta baja. Los profesores más mayores, como elegían horario antes, se aseguraban las aulas de la planta baja también. ¿Resultado final? Si no hay ascensor, los alumnos más mayores van al piso o pisos superiores, con los profesores menos veteranos (como regla general). El estado de las escaleras, en concreto de los escalones, te dará una buena pista de qué uso se ha hecho de ellos. Si el terrazo o el mármol de los escalones está muy desgastado, con surcos profundos o incluso con agujeros, ahí hay mucha historia y muy poco mantenimiento. Como se construyeron antes de las actuales leyes de edificación, eso de que cada vuelo de escalera ha de tener entre 10 y 12 escalones, y una anchura proporcional al "tráfico" suena un poco a chino, y puedes toparte con escalinatas regias, o con las que dan acceso al campanario de Notre Dame. Recemos para que no haya nunca un disgusto, porque la Ley de Prevención de Riesgos Laborales tendría que ser implacable.

Colegios e institutos entre 1970 y 2000.

Los últimos años de los 70 fueron convulsos y, con la muerte del dictador, en España hubo un auge brutal en la natalidad que bueno, algún historiador con conocimientos de estadística podría atribuir a una inusitada alegría reproductiva por parte del españolito medio.

Como consecuencia de esa alegría reproductiva y el aumento de la natalidad, hubo que construir con cierta premura una gran cantidad de centros educativos, tanto de primaria como de secundaria, para dar cabida a la enorme ola poblacional que llegaría a la educación en los siguientes años.

En general, los colegios e institutos de este período son también herederos de la nueva ley educativa, la LOGSE, por lo que empiezan a introducir diferencias sustanciales en su estructura. Por primera vez, se incluyen laboratorios de ciencias (muy limitados), aulas de música (algunas, incluso, con instrumentos), gimnasios equipados con aparatos (espalderas, bancos suecos, y aparatos de tortura como los diabólicos plintos y potros), o incluso aulas de informática para los más vanguardistas.

Ya dentro de las aulas, desaparecen las tarimas, por lo que el docente se enfrenta a un mar de cabezas (hasta 40 éramos nosotros en primaria y 42 en secundaria) que impide ver qué sucede en las últimas filas. La climatización en los centros sigue siendo espartana, pero se popularizan las calefacciones a gas y gasoil, que reparten el calor mediante radiadores en cada aula, lo que aprovechan los alumnos para calentarse los bocadillos del almuerzo. Los techos se vuelven más bajos, rondando los 3 metros, las ventanas siguen siendo de cristal sencillo y carpintería de hierro (posteriormente, de aluminio), y los pasillos son ahora amplios y luminosos, con tramos de escaleras inferiores a 12 escalones, con descansillos entre cada tramo, según normativa.

La estructura de los edificios educativos se auto-replica por toda la geografía de las distintas comunidades autónomas, hasta el punto de que sólo con ver la fachada del colegio o instituto, podrías decir el año de construcción con un margen de error de un par de años. Y si mucho me apuras, hasta podrías saber a quién le licitaron la obra. A modo de ejemplo, el instituto en el que aprobé las oposiciones era idéntico por dentro (color de los azulejos, alicatado de baños, mobiliario, rejas en las ventanas, carpintería metálica) al instituto en el que estudié yo. Cuando indagué la fecha de construcción de ambos, el primero era de septiembre de 1984 y donde estudié, de mayo del mismo año. Y ni siquiera estaban en la misma provincia. ¿Qué quiere decir esto? Que se construían en serie, siguiendo un patrón establecido, y con unas características idénticas. Los acabados eran los que eran, y en diseño se gastaban lo justo: un único diseño, y a la hora de construir, hazme 50 copias.

Estos centros ya se empezaron a ubicar en las afueras de las localidades. En primer lugar, porque ya había centros educativos anteriores en los centros de las ciudades y pueblos, pero principalmente porque la infraestructura necesaria implicaba unas parcelas mucho más generosas. Los patios de recreo comienzan a ser muy amplios, con pistas deportivas polivalentes y algunos incluso con arboledas, por lo que encontrar un terreno así en el centro de una localidad no sólo es complicado, sino tremendamente caro. Por tanto, colegios e institutos empiezan a bordear los pueblos y ciudades. Empiezan a ser necesarios los transportes públicos para llegar a ellos, por lo que se popularizan las rutas escolares, y también los comedores escolares.

Los acabados de estos centros son víctima y consecuencia de la construcción masiva. Evidentemente, podemos imaginar que las distintas Consejerías de educación, en su tiempo pensaron "hay que construir 70 institutos en la provincia, a nosecuántos palés de ladrillos cada uno, y nosecuántos de baldosines… tantos tenemos que comprar". Y de ahí iban tirando para construir.

¿Aspectos positivos? Pues principalmente, que como todos los de la misma época son iguales, y seguramente hasta comparten planos, se construían como churros sin tener que prestar demasiada atención al detalle. También, al comprar los materiales y el diseño al por mayor, la reducción de costes tuvo que ser importante, y la agilidad para construirlos también. Cualquier localidad con más de 10.000 habitantes ya podía tener su colegio o instituto en un par de años.

¿Hándicaps? Pues… ¿desde cuándo ha salido bueno algo que se ha hecho con prisas? Que se lo pregunten a los que se compraron casas y pisos edificados entre 2007 y 2009, y ya verás las respuestas… El principal problema son las calidades. Calidades lamentables, no tanto por los materiales como por la premura con que se ponía un ladrillo sobre otro. Pongo por ejemplo los baldosines de un par de institutos donde he trabajado: a fecha de hoy, llevan colocados sus buenos 40 años, y ya los puedes limpiar con ácido fluorhídrico si quieres, que no se van a estropear. Ídem para esos suelos de terrazo, que han chupado más suelas que la estación de Atocha y siguen como el primer día. ¿Qué decir de esas paredes de ladrillo rojo o caravista? Podrían repeler el meteorito que acabó con los dinosaurios sin astillarse siquiera. Sin embargo, como se colocaron así, con poca gana y mucha prisa, resulta que una vez pasan unos cuantos años los baldosines de las paredes se empiezan a caer como si hubiese llegado el otoño. Seguramente porque los chicos, en su aburrimiento, han ido tamborileando hasta encontrar los puntos débiles sin cemento (las esquinas), y se han entretenido en quitarlos. No puedo sino recordar el aula A-22 de cierto instituto, en cuyo centro las baldosas estaban sueltas, partidas y se movían mucho. Años y años de uso, de golpes, mesas que caen e impactan en el mismo punto, y un mantenimiento deficiente (nulo, en realidad), hacían que el terrazo se hubiese deteriorado notablemente, hasta el punto de poder retirar unas cuantas baldosas y ver directamente las bovedillas que formaban el suelo del aula y el techo del aula inferior. Avisada la directiva en mi primer año, 11 años después sigue sin resolverse el problema, de lo que deduzco que intentan comunicar esas dos aulas o hacer un dúplex.

Otro de los grandes hándicaps de las construcciones de esta época es que, aunque se previó que los tiempos cambiarían y habría que actualizar cosas, no se hizo con bastante margen. Me explico: esos centros se crearon para darle cabida a un número determinado de alumnos, ampliable un 10% en caso de necesidad. Los años pasaron, las sociedades cambiaron, y progresivamente se fue absorbiendo alumnado por encima de esos límites. O se fueron perdiendo. El segundo caso es raro, pero no es problema si una infraestructura no se usa. Lo complicado es meter a 1200 alumnos en un centro preparado originariamente para 600. Es por eso que muchos de los centros construidos entre los años 80 y el año 2000 cuentan ya con algún tipo de "edificio auxiliar". Edificios anexos diseñados a conciencia para dar cabida a talleres de tecnología, aulas de informática o salones de actos; aularios construidos de forma apresurada con paneles de hormigón, y forrados de suelos vinílicos que atufan a plasticucho cuando llega el verano y suben las temperaturas; o las denostadas aulas prefabricadas (barracones), una especie de contenedor marítimo de 20 pies en el que podías meter a unos 20 alumnos como si fueses a cargarlo en un camión y exportarlo a otro país.

Es interesante ver cómo esos centros, que nacieron de forma estándar, fueron adaptándose al medio y a sus circunstancias cambiantes. Normalmente los anexos poseen materiales de mejor calidad, siguiendo estándares modernos, con mejor visibilidad y climatización, y suele ser lo que se enseña a los padres de los futuros alumnos, cuando vienen a echarle un ojo a las instalaciones. No esperaríais que les enseñasen el aula que tiene un agujero en el suelo, por el que puedes saludar a los de la planta de abajo.

Colegios e institutos a partir de 2000.

Una vez perdimos el miedo al tan temido "efecto 2000", la sociedad en general dio otro gran paso en la construcción de centros educativos. A finales del siglo XX, con la perspectiva de estrenar un nuevo milenio, se empezaron a levantar edificios educativos sustancialmente distintos a todo lo anterior.

Para empezar, la construcción en ladrillo rojo / naranja empieza a decaer. Salvo para grandes institutos, se empiezan a usar más las "grandes superficies diáfanas". Es decir, cristal, cristal a tutiplén. ¿Por qué? Supongo que, a nivel energético, pensaban que daba más luminosidad y, por tanto, se ahorraría en iluminación si entre el aula y el patio (o la calle) había una pared de cristal. Cristal grueso tipo Climalit, claro.

Digamos que si un pallet de ladrillos caravista (unos 600 ladrillos) viene a costar unos 200€ (tirando por lo alto), y hacen falta unos 50 para cubrir un metro cuadrado, tendríamos 12 metros cuadrados de pared cubierta por esos 200€. Los cristales tipo Climalit rondan los 50€ el metro cuadrado. Si eres ágil para hacer la cuenta, verás que el precio del cristal triplica el del ladrillo. Multiplica eso por unas 20 aulas de promedio, y ya puedes ahorrar en bombillas para compensar la diferencia.

Pero eso no es todo. La premisa principal para usar ese material era la luminosidad, y el aislamiento térmico y acústico. El cristal permite que no escape el calor interior y disfrutas en invierno pero, ¿Qué pasa en las aulas durante el mes de septiembre o junio (ampliable a otros meses por culpa del cambio climático)? El cristal se calienta como una plancha y sudas la gota gorda. Toca instalar persianas, estores o láminas que mitiguen esa luminosidad tan achicharrante, para conseguir que tu aula vuelva a ser un sitio habitable. ¿Y qué haces entonces, si quieres dar clase?

Enciendes la luz.

Por no hablar de lo que sucede cuando las aulas tienen un escaparate directo al patio, o a la calle, o a otra aula. La escasa atención de tus alumnos se desvanece, porque siempre están mirando por la ventana a ver qué hacen los del aula de al lado, quién va por la calle, si llueve o si hace sol, o si los gorriones se están comiendo los restos de los bocadillos.

En general, las aulas de cristal son una mala idea. Estamos en centros educativos, no en los escaparates de unos grandes almacenes.

Dejando de lado el tema de los cristales, los nuevos colegios e institutos son extensos, con grandes escaleras, pasillos amplios (en general), diseñados teniendo en cuenta no ya la capacidad, sino el confort de los que allí estudian y trabajan. Cuentan además con talleres de tecnología, aulas de informática, aulas de música más o menos insonorizadas, salas multiusos y gimnasio. Las aulas normales son relativamente espaciosas y luminosas, además de por los amplios ventanales que hemos mencionado, porque se han decantado por el blanco para los alicatados, y no los horrores parduzcos de los años 80. El sistema eléctrico raramente falla, y la climatización en invierno suele ser eficiente (si hay pasta para comprar el gasoil).

A la hora de decidir dónde se construyen, hay que tener en cuenta que los núcleos urbanos ya están llenos, y a veces incluso la periferia de los municipios está saturada de infraestructuras o de exclusivas urbanizaciones. Es por eso que los centros, desde finales del siglo XX, suelen estar un poco apartados de las poblaciones, por lo que suele hacer falta transporte escolar, público o parental para acceder a ellos. A la hora de elegir dónde llevar a los niños, los padres sopesan también esto: "el instituto o colegio que está justo al lado de casa nos viene a mano y tiene solera, pero también tiene una calefacción que no va ni a la de tres, y tecnológicamente está más cerca del neolítico; el otro instituto o colegio está en la otra punta del pueblo, y cada vez que mande al niño a clase va a parecer que se va de Erasmus. Eso sí, si llega, va a tener lo último de lo último". Lo ideal es céntrico y nuevo, pero la realidad es la que es, y el presupuesto que se suele dedicar a renovación y mantenimiento de centros educativos es bastante exiguo y se limita a reparar lo ya existente.

En cuanto al equipamiento del aula, ya en el siglo XXI se empiezan a ver pizarras blancas para escribir con rotulador borrable (o no, que siempre hay despistados y usan un permanente), o incluso pizarras digitales. Como la formación al respecto suele ser nula, se acaba convirtiendo en un simple fondo blanco donde proyectar películas y fotos cuando hace falta. La práctica totalidad de las aulas estará equipada con un cañón proyector y un ordenador conectado a Internet. Ahora sólo te falta saber qué es lo primero que va a fallar: ¿La conexión a internet? ¿Los drivers del ordenador que te dejarán sin audio? ¿El proyector tiene miles de píxeles muertos o, directamente, proyecta la imagen de color rosa? De todas estas cosillas se ocupará la persona encargada de las TIC. Averigua quién es lo antes posible y persíguelo por los pasillos en caso de avería.

También forma parte del equipamiento del aula el mobiliario en sí. Antaño había armarios empotrados, pero ahora cada metro cuadrado es valioso, por lo que habrá una mesa y silla por alumno, el doble de perchas que de alumnos (y que nunca se usan), un armarito donde el profesor guardará las cosas importantes -con un poco de suerte, tendrá hasta llave-, un par de paneles de corcho detrás o delante, y poco más. Las sillas ya no son aquellas de melamina verde, lacadas también en verde. Predomina una tendencia más de bricolaje sueco, con texturas de madera y metal sin pulir. En todo caso, tanto pupitres como sillas acaban igual de hechos polvo al final de cada curso: los tableros de las mesas desprendidos, las patas de las sillas torcidas, cojeando y arañando el suelo. Me pregunto cuándo se matricularon Atila y Gengis Khan en estos centros.

En cuanto a los patios de recreo, no son pocos los que contienen bancos de obra, árboles que den sombra, pistas polideportivas y fuentes para abrevar. Se trata de hacer esa media hora de recreo lo más cómoda posible. También hay centros que van más allá, e incluso tienen instalaciones de escalada, tableros de ajedrez pintados en el suelo, y extravagancias así que raramente se usan. Pero, insisto, queda muy bien enseñarlo a los padres cuando vienen de visita.

Podemos, por tanto, manifestar que los centros educativos han ido evolucionando históricamente para aportar más confort, más tecnología y dar una sensación más humana a la educación. Construir un edificio educativo es caro, a partir del medio millón de euros, por eso las Consejerías de educación se piensan muy bien dónde y cuándo hacerlo. Y aunque deberían hacerlo siempre con el usuario final en mente, no descubriré la pólvora si digo que el factor económico es muchas veces el decisivo.

Como ejemplo, una localidad de unos 23.000 habitantes, con un sólo instituto público. Dicho instituto, fundado en 1984 y con una capacidad inicial para 600 alumnos, había ido "tragando" año tras año con el aumento de población escolar jugando con las ratios, desdoblando grupos hasta que topó con el problema que ninguna directiva quiere encontrarse: la falta de espacios.

Unos años atrás, ya a finales del siglo XX y después de mucho insistir, la Consejería les construyó un edificio anexo de una altura para aliviar un poco la presión en las aulas. En cuestión de un par de cursos, la situación se volvió dramática porque era evidente que ese edificio era insuficiente, ya que los alumnos llegaban al millar, no había aulas disponibles, y se debería haber edificado al menos una planta más.

Llegado ese punto, y tras muchas quejas a la Consejería, les propusieron "la optimización de espacios". En román paladino, que se buscasen la vida porque no iban a construir nada. Así que se convirtieron los soportales del centro en aulas, acristalándolos; se panelaron las aulas grandes para convertirlas en dos aulas pequeñas. Incluso zonas con árboles se techaron para poder dar clase ahí. En ese momento, de los 600 alumnos de capacidad máxima que tenía el centro, ya iban por 1.200.

El centro se movilizó, reclamó a la Consejería la construcción de un nuevo instituto o al menos, de un nuevo edificio. Era lícito pedirlo, y lo raro era no haberlo pedido antes, pero atentos a la jugada maestra.

Desde la Consejería, les bastó echar una ojeada a la pirámide poblacional de la localidad en concreto. Después de 2010, los nacimientos en la zona descienden abruptamente a causa de la crisis económica, por lo que cuando esa bajada de nacimientos llegase a las aulas de secundaria en el curso 2023-2024 no haría falta una nueva infraestructura: si se ha podido absorber a 1200 alumnos, cuando el año siguiente sean 1100 o menos, no habrá problema alguno.

Por si algún político nos estuviera leyendo, aquí van una serie de directrices que deben seguir los centros para ser óptimos:

- Evitar los pasillos demasiado estrechos. Los cambios de clase son un momento estresante, donde hay que ir de una punta del instituto a la otra en cuestión de minutos. Acumular alumnos en un espacio estrecho es un polvorín.
- Patios centrados en el fútbol. Si os digo que cerréis los ojos e imaginéis un patio de colegio, os saldrá la imagen de un campo de fútbol. El error viene de lejos y es de esas cosas que no se modifican por vagancia. Si de 600 alumnos sólo pueden jugar 22 en el campo, pues condenas a los 578 restantes a ser observadores de esos ídolos. Hay que hacer patios de recreo para todos, no para unos pocos.
- Patios sin sombra. Esto es ya de primero de arquitectura, pero mira, siguen igual. Los patios son un secarral donde

sólo se disfruta en primavera. En otoño llueve y en invierno te mueres de frío. No hay cosa que dé más grima que hacer 3 horas de clase y en la última sesión antes del patio mirar por la ventana y ver que cae un chaparrón. En ese momento escuchas al director por megafonía diciendo que se suspende el recreo y que los alumnos quedarán confinados en su clase, contigo dentro. Prepárate para un descontrol total donde te entrarán alumnos de otras clases, se irán alumnos con la excusa de ir al baño, te convertirán el lugar en una pocilga y no vas a recibir ayuda alguna. La norma no escrita dice que los alumnos deberán estar medio recreo con los profesores con los que acaban de dar clase y medio con los que vendrán después pero no se cumple. Y si lo haces así siempre habrá un intervalo en el que no habrá ningún responsable dentro porque se está desplazando a otra aula. Por no hablar de los profesores vagos que se irán directamente al bar o, directamente, se esconderán. Así que poner sombra y cobijo en los patios es urgente e indispensable.

- Desplazamientos demasiado largos entre clases. Al hilo de lo anterior, hay que evitar que los profesores y los alumnos deban comprarse una scooter para acudir a su siguiente clase. Los alumnos le echarán morro y te darán excusas varias mientras aprovechan para ir al bar y comprarse golosinas y aperitivos que devorarán en tu clase como si estuvieran en el cine. Los profesores acabarán hartos de salir del aula A, pasar a por el material en su departamento y llegar al aula B mientras los estudiantes aprovechan para hacer perrerías en el mobiliario del aula. Un diseño de los horarios unificado ahorra tiempo y mejora la calidad de vida en el centro.

- Aulas con insonorización cero. Principalmente las de música y audiovisuales. Es raro que el centro esté silencioso. Hay clases que se prestan y necesitan de la participación oral de los alumnos. Pero no hace falta que se enteren los demás.

Convivir un año pared con pared con el aula de música o con uno de esos profesores que lo solucionan todo a base de poner películas, es un infierno. Vas a tener que calmar a tus alumnos mientras soportan la agresión sonora día tras día. Una ligera inversión puede solucionarlo, otra cosa es que haya presupuesto.

- La cantina demasiado cerca. De una agresión sonora a una olfativa. Como ya comentamos en el anterior manual, la cantina es imprescindible en un centro. Al no permitir que los alumnos salgan en busca de esparcimiento y comida, hay que darles alternativas. Dar clase en los alrededores de la cantina es acabar oliendo a fritanga sin remedio. Huelga decir que las campanas extractoras de estas cantinas acaban siendo mero *atrezzo* porque las cantinas se subastan, no son propiedad de los que las usan, y, claro, nadie se interesa por su mantenimiento. En un centro donde estuve, hacían unas tortillas tan grasientas que mi familia me olía llegar antes de que abriese la puerta del garaje.

- Diseños fotocopiados. Los arquitectos y los políticos suelen reciclar diseños de institutos anteriores para abaratar costes. Esto nos lleva a la absurda decisión de construir centros de playa en la montaña. En un centro cerca de la playa hay que prodigar que corra el aire, que las puertas no se cierren y que sea luminoso pero cobijado del sol. En la montaña se precisan centros-bloque, en los que la vida se haga en los pasillos y la calefacción se aproveche al máximo. Pues bien, en varias de estas sustituciones que me tocó hacer me encontré con un tipo de instituto en el que todo me era familiar al minuto de entrar en él. Diseñados igual, encontraba mi aula enseguida y la sala de profesores era un calco. El problema venía con los baños. Dispuestos fuera del centro, a unos quince metros, había que salir al patio para usarlos. Esto alejaba el olor pero, cuando me tocó una sustitución en una localidad donde nevaba, conllevaba lavarte las manos con agua congelada y hacer tus necesidades a cero grados. Profesores y alumnos lo sufrían por igual y no había manera de cambiarlo. Ahí sigue, para vergüenza de su arquitecto.

- La sala de profesores debe ser un lugar agradable. Tras darlo todo en tus sesiones, debe existir un sitio donde recogerte y tomar fuerzas. La cantina cumple esa función, pero tampoco puedes estar allí todo el día, gastándote el sueldo. La sala de profesores necesita de varios espacios. Una mesa enorme donde poder corregir y conectar tus aparatos electrónicos, varios ordenadores, casilleros donde depositar tus enseres, nevera, microondas, un sofá cómodo y ventanales que te dejen descansar la vista. Idealmente, ocultos al patio para evitar tener que cerrar las ventanas en los recreos. Si una sala de profesores está bien diseñada, acabará siempre llena de vida y será un lugar agradable. En caso contrario, acabará más desierta que un concierto de Leticia Sabater y los profesores huirán a sus departamentos.

- Recovecos para que se escondan los malotes. Los malotes son un nido de problemas: roban, fuman, intimidan y son capaces de hacer el mal sólo por mantener su estatus. En los cambios de clase y los recreos acudirán a las zonas muertas para hacer lo que quieran, dejando a un incauto para que vigile. La mejor solución es plagar el instituto de cámaras y que se puedan controlar desde la sala de profesores. Así, quien esté de guardia o quien desee hacer una buena acción, podrá controlar todos esos puntos muertos y detectar a los infractores enseguida. Como es un circuito cerrado, esas imágenes quedan grabadas para llanto y rechinar de dientes de los malotes, facilitando sus partes o expulsiones.

- Pasillos sacados de "el resplandor". El ahorro energético es necesario y no hace falta iluminar todos los pasillos del centro como si fueran el metro. Tampoco hay que escatimar energía poniendo temporizadores que duran menos que los del servicio de un bar. Suele ocurrir que los pasillos se apagan para economizar y se encienden al notar una presencia. Cuando estás en el aula, y peor es si te pilla viendo un vídeo algo oscuro, eso se traduce en un efecto discoteca. Si trabajáis en un centro donde los pasillos se enciendan y se apaguen sin cesar, no os preocupéis y dejad de buscar el teléfono de Iker Jiménez. Seguramente será el viento que no deja de crear falsos positivos.

- Permitir el acceso a los dependientes. Como bien se comentaba unas páginas atrás, hay centros que exhiben orgullosos su indiferencia a las necesidades de los alumnos y docentes vulnerables. Rara es la semana que no hay un alumno con una pierna inmovilizada y que se enfrenta a las deficiencias del centro. Hay que facilitar el movimiento entre pisos y aulas. A algunos alumnos les vale más la pena comerse el bocadillo en el aula que molestarse en bajar y subir las escaleras.

- Taquillas en las aulas. Supongo que influenciados por las películas y series norteamericanas, algunos iluminados decidieron poner taquillas en las aulas. Lamentablemente, como no se lleva lo de tener un aula por grupo, esto conlleva que decenas de manos pasen por las aulas sin control. Al final, nunca se sabe cómo se rompieron y quién lo hizo. Las taquillas deben estar en los pasillos, donde todos las vigilan (mucho más si hay cámaras de seguridad) y ser de material casi tan irrompible como la cara de un senador. Sí, le pedimos mucho a la vida, es cierto.

- Sistemas contra la radiación solar. El cambio climático está entre nosotros para quedarse, por mucho que tu cuñado te diga que "siempre ha hecho calor en verano y no por ello nos quejábamos de ir a clase". Si lo remata con un "generación de cristal", te recomendamos el divorcio: te sale a cuenta. Hay que evitar la injerencia del sol en la vida diaria del aula. Los toldos son la solución más rápida. Crear un espacio entre la ventana y el exterior con una malla es un gran coste, pero los resultados mejoran. Construir con la orientación perfecta es la mejor de todas, pero eso sólo se puede hacer si el centro es nuevo. De cualquier manera, hay que conseguir que corra el aire de manera libre, sin recovecos, y que los meses de mayo a noviembre se pueda trabajar sin beber más que en el tour de Francia.

- Aire acondicionado. Esto ya es ciencia ficción, pero, por pedir que no quede. Los centros deben tener aire acondicionado porque no queda otra opción. Tener a los alumnos sudando, ya más cerca del tanga playero que de la ropa de calle, es torpedear las lecciones. Actualmente, sólo los despachos de la directiva y el aula de profesores tienen aire acondicionado. En un centro donde estuve, un padre (empresario del mundo del motor) se ofreció a instalar aire acondicionado en el instituto para que su hijo no sufriera las repetidas olas de calor que nos azotaron ese curso. La propuesta fue denegada por la administración. ¿La razón? Instalarlos no es tan caro como parece, pero el coste de factura energética mensual se dispararía. Enviar a los alumnos a casa por emergencia climática, cada vez lo veremos más.

4. ¡EMERGENCIA!

Por definición, una emergencia es algo que no estaba previsto en el plan inicial y, además, entraña cierto peligro. Ir a comprar y que, al ir a pagar, veas que no tienes saldo en la tarjeta, es una emergencia; ir al baño y que no haya papel, es una emergencia; que un chaval arrime un mechero Bunsen a un bidón de acetona en el laboratorio de física y química, es una emergencia y va a salir en la tele. Si es que sólo se fijan en lo peor. Así que, en la medida de lo posible, hay que estar preparado para TODO: para todo lo que, en el ejercicio de la docencia, puedas prever, pero también para (casi) cualquier imprevisto que pueda surgir.

Cada centro tiene su Programación General Anual, donde se explicita todo lo que se va a hacer durante el curso, así como los diversos protocolos. Hay protocolos de absentismo, de acoso escolar, de abandono escolar... casi de cualquier cosa que puedas imaginar, si es que es relevante para la idiosincrasia del propio centro. Por ejemplo, si el centro está en una zona de alta actividad sísmica, normalmente tendrá un protocolo de actuación en caso de terremoto, y si está en una zona fácilmente inundable, a lo mejor en vez de extintores tiene botes salvavidas. "Adoptar, adaptar y mejorar"

Por eso, lo que nunca debe faltar en ningún centro educativo -ni de trabajo, en general- es un protocolo de emergencia, entendiendo normalmente como tal el preceptivo simulacro de incendio que se debe(ría) realizar al menos una vez cada año. No os voy a mentir: en la actualidad llevo en la enseñanza pública muchos años, he pasado por muchos centros, y tan sólo he visto realizar aceptablemente dicho simulacro de incendio en dos. Si tuviéramos que juzgar un centro en virtud de cómo de en serio se toma la directiva las medidas de autoprotección, a juzgar por estos datos, deberíamos preocuparnos en contratar un seguro de vida y otro de decesos, sin reparar en gastos.

Para crear un protocolo de emergencia en un centro educativo, lo primero que hay que tener en cuenta es qué tipo de alumnado habita allí. No es lo mismo un centro de infantil y primaria que uno de secundaria y ciclos formativos. En el primer caso, toda la responsabilidad recae en los docentes (mira cómo una mamá pato tiene que estar pendiente de sus 20 crías, y sabrás a lo que me refiero), y en el segundo, los alumnos ya pueden asumir ciertos roles. También hay que tener en cuenta la configuración y disposición del edificio: si es todo una planta a cota cero, y todas las aulas tienen cerca una puerta que permita huir al exterior, siempre será más sencillo que si se trata de un solo edificio de varias plantas, con sólo una o dos puertas que comuniquen con el exterior.

El proceso (spoiler: sale mal):

Normalmente, esto del simulacro de emergencia -que **suele** ser una evacuación por incendio- requiere de la colaboración de todos los miembros de la comunidad educativa, por lo que impepinablemente se convocará un claustro para explicar que dicho simulacro se va a llevar a cabo. Siempre hay un encargado para esto, que tomará la palabra y explicará con mayor o menor detalle, con mayor o menor acierto, los pasos a seguir. A saber:

- Detección del motivo causante de la emergencia, y comunicación a la directiva.
- Evaluación del riesgo que entraña la emergencia, aviso al 112 y decisión de **evacuación o contención** (luego lo explicaremos)
- En caso de evacuación, establecer en qué orden se evacúa al alumnado, y hacia dónde.

- La evacuación, propiamente dicha, y recuento de alumnos.
- Acabado el peligro o resuelta la emergencia, vuelta al aula.

Esos cinco puntos en realidad son muchos más, pero por no ponernos pesados y estomagantes os recomendamos que lo consultéis en vuestro centro. Igual os lleváis una sorpresa desagradable y resulta que ni siquiera revisan ese plan que **ha de tener** cada centro y les viene bien que vosotros hayáis leído este libro, fíjate.

Como decíamos, el encargado de planificar el simulacro suele tomar la palabra, y empieza su discurso explicando los protocolos a seguir, en qué orden han de evacuarse las aulas según dónde se haya producido el problema, quiénes son los responsables de planta, y un largo etcétera. La exposición puede durar, si es minuciosa, como media hora. Si has prestado atención, te habrás dado cuenta de que normalmente ha quedado todo claro. Se abre el turno de preguntas y te das cuenta de que el 80% del claustro estaba mirando el móvil sin prestar atención:

- Entonces, ¿quién sale primero?
- ¿Qué día y a qué hora será? ¿Podemos avisar a los alumnos?
- ¿Qué pasa si a fulanito le pilla en el baño?
- ¿Qué pasa si ese día tengo programado un examen?
- ¿Qué hacemos con menganito, que va en silla de ruedas, si le pilla en el primer piso y no se pueden usar los ascensores?

Es triste, pero también muy evidente, que muchos compañeros se dedican a torpedear la faena de otros, no prestando atención a cosas tan importantes como ésta. Además, a veces tendréis la sensación de que el sentido común es precisamente el que más escasea entre esta gente, que está en la docencia porque no pueden estar en otro sitio, ni siquiera pastoreando cabras en el monte.

Vamos a contestar a esas 5 preguntas, por si seguís teniendo dudas y no habéis escuchado a vuestro coordinador de emergencias con atención, porque estabais más pendientes de vuestro móvil.

- ¿Quién sale primero?

Aquí no vale ese cliché del cine, de "las mujeres y los niños primero". Como norma general, salen primero los que tienen el peligro (supongamos que es un fuego) más cerca. Ni orden alfabético, ni jugárselo a piedra, papel o tijera, ni por orden inverso de edad: primero, los afectados y los que están en la misma planta; segundo (si es un fuego), los que están en plantas superiores. Los últimos, los que más cerca tienen la salida. Ya, ya sabemos que la tentación es grande, pero son los que en menos riesgo están. Paciencia. Nada de correr, de provocar avalanchas, ni gritar porque no se oirán las instrucciones del coordinador de planta.

- ¿Qué día y hora será? ¿Se puede avisar a los alumnos?

Secreto de sumario. Los imprevistos, como su nombre indica, no se pueden prever y hay que estar preparado ante cualquier eventualidad. No podrás avisar a los alumnos si no sabes cuándo es la fiesta, y se hace así para educar una respuesta verdadera ante una emergencia, lejos de entrenamientos específicos.

Sin embargo, sí que hay una serie de factores que ayudan a detectar cuándo se está cociendo algo. Si el centro es grande, y movilizar a todos es un jaleo, puedes estar casi seguro de que va a ser en la hora inmediatamente anterior al recreo. Así da tiempo a hacerlo todo, y en caso de salir mal, dispones de esa media hora extra de patio para afinarlo. Mis alumnos de cierto instituto en la provincia de Alicante me chivaban cuándo iba a ser porque enseguida captaron que los simulacros (hicimos 6 o 7, hasta que salió perfecto, muy bien ahí la directiva) siempre eran los miércoles antes del patio y claro, ya estaban picardeados. La fecha en teoría debe ser durante el primer trimestre de curso, porque claro… ¿para qué quieres hacer el simulacro en mayo, cuando ya ha pasado todo el curso sin saber cómo actuar?

- ¿Qué pasa si a un alumno le pilla el simulacro en el baño?

Te aseguro que, del susto, se le va a cortar el chorro que esté soltando. Ha de volver al aula para reunirse con sus compañeros y evacuar (además de la propia evacuación de sólidos y líquidos que haya hecho en el aseo). Si antes de salir del aula el profesor nota que le falta ese alumno, ha de ir al baño a por él / ella.

- ¿Qué pasa si ese día tengo programado un examen o una excursión?

Si tienes una excursión, no vas a estar en el centro, así que ¿qué más te da y por qué preguntas? Si tienes un examen programado tranquilo, porque cuando se acerca el día, la directiva suele investigar si en esa semana tenemos algo previsto. Eso, claro está, si la directiva respeta un poco el trabajo de profesores y el esfuerzo de los alumnos. Menuda faena si, en mitad de un examen de álgebra en bachillerato, salta la alarma de incendios: más de uno preferiría morir abrasado antes de salir del aula, con lo que les ha costado estudiar todo eso.

- ¿Qué pasa con menganito, que va en silla de ruedas, si le pilla en el primer piso y no se pueden usar los ascensores?

La pregunta en realidad es ¿por qué tienes a un alumno con movilidad reducida subiendo y bajando, y no en un aula de la planta baja? En caso de incendio los ascensores se bloquean, así que tocará bajarlo a caballito o entre dos o tres personas por las escaleras. Una buena forma de saber cuándo será el simulacro es, precisamente, consultando el horario de ese alumno y viendo cuándo le toca en la planta baja antes de un recreo. ¡Bingo!

El desarrollo del simulacro comienza cuando la directiva lo decide. Se da la señal activando la alarma de incendio (si no funciona eso, mal empezamos), y si todo se ha explicado como toca, cada profesor debería saber cómo actuar. Los alumnos van bajando ordenadamente, desde la planta afectada, las superiores y las inferiores, sin correr ni chillar, sin sus mochilas, y a buen ritmo. El profesor pertinente ha contado cuántos alumnos saca del aula, ha cerrado la puerta tras de sí, y ha seguido a su grupo ordenadamente hasta el patio, donde los hace formar en fila y los recuenta. Después bajan los jefes de planta y se reúnen con la directiva, que para el cronómetro después de asegurarse que todos están abajo, y nadie se ha quedado encerrado en el baño, o comiéndose los bocadillos de sus compañeros. Idealmente, se debería tardar entre 3 minutos (sospechosamente rápido) para un centro pequeño, y unos 10 minutos para un centro descomunalmente grande.

¿Cosas que podrían salir mal? Aquí va una lista de las que pude observar en esas escasas veces que he asistido a un simulacro, y otras que me han contado:

- Un profesor no ha venido, y el de guardia se ha bajado a sus alumnos al patio. En teoría, un grupo menos del que preocuparse, pero claro... Llegado el momento de la verdad, ¿qué harán?
- La sirena de alarma no se oye. El estado de las instalaciones es tan nefasto que ni siquiera funciona eso, así que imagina cómo estarán los extintores (si los hay). Te va a tocar buscar al alumno más gritón que tengas y ponerle a hacer las veces de sirena.
- Puertas de emergencia que no se abren o que, directamente, están bloqueadas y/o obstruidas. En cierto instituto, el personal de secretaría moriría gratinado si se declarase un incendio en el archivo de documentos que tiene en la sala de al lado. Para empezar, la única forma de salir de la secretaría es la puerta, puesto que las ventanas están provistas de rejas fijas. "Para que no entre nadie", adujo el director. "Y para que no salga nadie tampoco", añado yo. Frente a la puerta de la secretaría, una puerta de emer-

gencia que da directamente al patio, convenientemente cerrada con una cadena y un candado bien gordo. ¿Adivináis para qué? "Para que no entre nadie". Después de una reforma en la que se convirtieron los soportales en aulas, dicha puerta de emergencia pasó a formar parte de un aula contigua.

- Vías de evacuación convertidas en almacén provisional (en realidad, definitivo) de mobiliario. Esto lo he visto en varios sitios: esas escaleras y salidas de emergencia que nunca se usan porque total, nunca pasa nada (recemos porque siga así), se acaban convirtiendo en el lugar donde almacenar mesas y sillas, nuevas o defectuosas, material de laboratorio que ya no cabe en el propio laboratorio, libros o cajas de exámenes antiguos. Además, esa zona "oscura" del centro suele ser un lugar ideal para que los alumnos más trastos se oculten y tramen diabluras, se fumen algún cigarro (normal o "aliñado"), y cosas así. La que se puede liar si, precisamente, se declara un incendio en una de las pocas vías de evacuación del centro.

- Escasa o nula supervisión de todo el proceso, por parte de la directiva. El director de un centro es como el capitán de un barco, y ha de supervisar desde dentro que todo se desarrolla conforme a lo establecido en el protocolo. Ya hemos visto que es la directiva quien activa dicho protocolo, que culmina cuando todo dentro del edificio está en orden, y se produce el recuento en el patio. Sucede que a veces, el director del centro más que emular al capitán del Titanic, se siente más identificado con el capitán del Costa Concordia, y observa el desarrollo de todo desde un lugar seguro y privilegiado en el patio. Y todavía se dará palmaditas en la espalda y se pondrá la medallita, si todo sale bien. En realidad, puedes suponer que, si todo sale un desastre, le va a importar más bien poco.

Distintos tipos de emergencia

A poco que hayas visto las noticias durante los últimos años, sabrás que las emergencias pueden dividirse claramente en dos grandes grupos: las de "pies para qué os quiero", y las de "quietecitos ahí, y ni respiréis, que nos pilla". Dicho de otra forma, las primeras se denominan "emergencia de **evacuación**", como hemos visto ya, y las segundas se denominan "emergencia de **contención**".

Por las características de nuestro trabajo lo más normal es que, si se produce algún tipo de emergencia real, sea una evacuación: un pequeño incendio, una fuga de algún producto tóxico, o cualquier inclemencia meteorológica como un fuerte vendaval o una tormenta de nieve, requieren que todo el mundo salga del centro para irse a su casa. Y rapidito, además. Es por eso que la gran mayoría de simulacros se hacen de este tipo.

Sin embargo, si estuviésemos en Estados Unidos, no nos sorprendería tanto el efectuar simulacros de contención. Es el caso típico en el que un perturbado irrumpe en un centro educativo, armado con un fusil de asalto y abundante munición y, cargador tras cargador, se venga de sus miserias mentales y vitales en el cuerpo de decenas de inocentes. Lo siento si acabo de cargarme el ambiente lúdico, pero es lo que hay.

Puede que pensemos que, a fin de cuentas, estas cosas no pasan en nuestro país ni en nuestra sociedad. Y lamento desengañaros, porque no podemos estar más equivocados.

Durante el curso 2015-16, en uno de los centros donde trabajé, hubo un incidente grave con un alumno. El año anterior se había emborrachado en un par de ocasiones en el centro, y tenía un comportamiento bastante huraño y agresivo en general. El día de autos, provocó un incidente en clase de inglés, por lo que se reclamó la presencia del profesor de guardia para que se lo llevase. Allí se armó un pitoste considerable, cuando apareció incluso la jefa de estudios para hacerle razonar, sin ningún éxito. Sonó la música del cambio de clase y el alumno se fugó del centro y se fue a su casa. Pocos minutos después, la madre llamó angustiada, para avisarnos de que el chaval había cogido una navaja y venía al instituto con la intención de atacar a la jefa de estudios. En ese momento, por megafonía, nos avisaron a todos de que nos encerrásemos en las aulas con nuestros alumnos, y nos escondiésemos para que no nos pudiesen ver desde la ventana de la puerta.

El motivo era que habían llamado también a la policía local y a la guardia civil, que estuvieron persiguiendo al chaval por los pasillos durante un buen rato. El director intentó enfrentarse a él, cuerpo a cuerpo (de hecho, le cuadruplicaba el volumen corporal al alumno), y lo que casi consiguió fue llevarse un golpe de extintor en la boca. Recordadlo: los cementerios están llenos de héroes.

Al final, la guardia civil consiguió detener y esposar al alumno, y se lo llevaron al cuartelillo. Se le expulsó durante una semana, mientras se tramitaba el traslado a otro centro. ¿Que la solución ha sido, simple y llanamente, pasarle el problema a otro centro? Totalmente de acuerdo, pero es que ese centro no se caracterizaba por gestionar muy bien la disciplina, vaya.

Por lo tanto, sí: también es necesario practicar las emergencias de contención. Lo ideal es que haya un sonido de alarma para la evacuación y otro distinto para la contención. Y más importante aún es explicarle a los profesores que no se hace lo mismo en un caso y en el otro. En cierto centro, después de explicarnos el protocolo de evacuación, resulta que el día del simulacro decidieron que el motivo no sería un incendio, sino la entrada de un perturbado armado con un cuchillo.

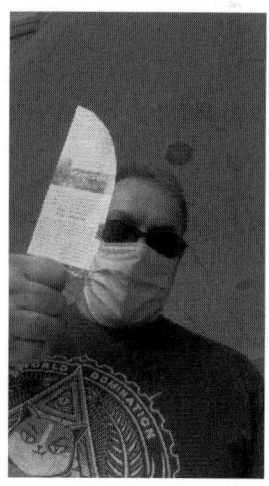

Adivinad a quién le asignaron el papel de "perturbado con un cuchillo"...

Pues nada, ahí estaba yo, en el descansillo del primer piso, esperando que sonase la alarma, empuñando un cuchillo de grandes dimensiones hecho de cartón, con mis gafas de sol y la mascarilla. Suena la alarma y, para mi sorpresa, los profesores empiezan a abrir las puertas para mirar qué pasa en el pasillo. Evidentemente, nadie les había avisado de que se trataba de una contención, no de una evacuación. Pero por lo visto, sus respectivos padres tampoco les habían enseñado que NO se habla con el perturbado del cuchillo gigante. Y si el aviso es porque hay una manada de velociraptores en el pasillo, no sale uno a hacerse un "selfie" con ellos, ni a darles trozos de bocadillo mientras dice "pitas, pitas, pitas". Un desastre.

¿Qué pasa el día "D" a la hora "H"?

Se supone que, aunque los alumnos no saben cuándo, han de estar prevenidos con que esa semana se va a producir el simulacro porque, de lo contrario, aquello puede convertirse en la estampida de rinocerontes de "Jumanji".

Un día estarás en clase, con media cabeza explicando y otra media pendiente de si de repente suena la alarma, y ahí la tendrás...

Primero, has de convencer a los chavales que dejen absolutamente TODO en el aula, nada de coger mochilas, almuerzos ni teléfonos móviles (lo último te va a costar más que el resto, te lo aseguro). Se cierran todas las ventanas, cuentas a tus alumnos y se ponen en fila frente a la puerta para que, a tu señal, salgan en la dirección indicada hacia la escalera, sin correr ni gritar, y siempre por la parte exterior de dicha escalera (por si hubiese fuego o humo subiendo por el hueco de la escalera, se evita la parte interior). Tú, como profesor, sales tras ellos y cierras la puerta.

Luego los acompañas hasta el patio, donde formáis en línea para ser recontados de nuevo.

Si todo ha salido bien, todos habrán hecho lo mismo, en el orden indicado, y habréis despachado el tema en cosa de 10 minutos. Ahora te toca volver al aula para abrirles y que cojan los bocadillos del recreo.

¿Cuál es el problema? Que el factor humano nunca va a funcionar al 100%, y estas frases te las vas a escuchar, sí o sí, un buen montón de veces:

- ¿Se pueden coger las mochilas? *No.*
- ¿Se deja la puerta abierta? *No, cierra el profe*
- ¿Se cierran las ventanas? *Sí, se cierran las ventanas.*
- ¿Salimos en orden de lista? *Yo qué sé ya.*
- Los de la clase de al lado ya están en el patio, profe. *Vosotros saldréis cuando os toque.*
- Eh, que ellos sí que llevan el bocadillo. *No, que volvemos luego, en serio.*
- Profe, no pienso dejar aquí mi móvil. *Cógelo y métrelo en el bolsillo.*
- Ah, que se puede llevar el móvil. *Yo no he dicho eso.*
- Ahora mismo ya estaríamos quemados, jaja. *No veas las ganas que tengo de verlo.*
- ¿Ha dicho algo profe? *Nada, nada, ya cierro yo la puerta. Id pegados a las paredes y en fila india.*

El resultado, satisfactorio o desastroso del simulacro, se comenta normalmente en el claustro de navidad, o a la vuelta de vacaciones, junto a los resultados de la primera evaluación. Se comentan los errores, los tiempos marcados como si fuesen unos Juegos Olímpicos, y se comparan con los de otros años.

Y el próximo año, la misma historia.

5. CARACTERÍSTICAS DE CADA NIVEL, ESO, BACHILLER Y CICLOS FORMATIVOS

Dar clase a un grupo de personitas implica ver cómo van creciendo y evolucionando, y formar parte de ese mecanismo de la sociedad que se encarga de que dichos individuos se conviertan en ciudadanos de provecho, de los que tienen un trabajo para mantenerse vivos, pagan sus impuestos, suben contenidos y fotos en el baño a las redes sociales haciendo el signo de "V" con los dedos, e incluso forman una familia para tener un relevo generacional. Los profes solemos alegrarnos cuando nuestros alumnos tienen descendencia y, un día yendo por el supermercado, te los encuentras y te enseñan a su vástago. Es ahí el momento donde puedes vengarte un poco y decirle al nene (o nena) que a ver si se aplica más que su padre, que era un golfo. Os creeréis que estoy de broma, pero a mí me ha pasado ya varias veces. Es lo que tiene trabajar cerca de donde vives.

Nos centraremos en los distintos estadios que conseguimos apreciar en la educación secundaria, por un motivo muy evidente: ambos somos profesores de secundaria, y nuestra relación con los menores de 12 años es estrictamente paternofilial. También podríamos contar a ese respecto unas cuantas cosas, pero ahora mismo no procede.

ESO (1er ciclo):

Entre los 11-12 años (entrada en 1º) y los 13-14 (salida de 2º)

El curso 1996-1997 España estrenó un "nuevo" sistema educativo, bajo una ley educativa llamada LOPEG (Ley Orgánica de Participación, Evaluación y Gobierno de los Centros Docentes) que no era más que un parche gorrino que se le ponía a la LOGSE, previo a introducir años más tarde la LOCE, la LOE, la

LOMCE y ahora la LOMLOE. Si todavía no te has mareado con las siglas, enhorabuena, porque en esencia es lo que buscaban los sucesivos "cambios" de legislación: marear la perdiz.

La principal -y casi diríamos que única- diferencia con la ley educativa anterior es que se producía una redistribución de alumnos en las etapas educativas, de forma que los dos últimos años de educación primaria (7º y 8º de Enseñanza General Básica) pasaban a impartirse en los antiguos institutos de bachillerato, bajo la denominación "1º y 2º de ESO (educación secundaria obligatoria). En los institutos, además, desaparecían el BUP (bachillerato unificado polivalente, de 3 años) y el COU (Curso de orientación universitaria), que pasaban a ser 3º y 4º de ESO, y 2 años de Bachillerato, siendo el segundo el equivalente a COU.

edad	LOGSE	LOPEG
4	1º PRE	1º INF
5	2º PRE	2º INF
6	1º EGB	1º EPO
7	2º EGB	2º EPO
8	3º EGB	3º EPO
9	4º EGB	4º EPO
10	5º EGB	5º EPO
11	6º EGB	6º EPO
12	7º EGB	1º ESO
13	8º EGB	2º ESO
14	1º BUP	3º ESO
15	2º BUP	4º ESO
16	3º BUP	1º BACH
17	COU	2º BACH

Podríamos pensar que eso era una redistribución y ya está, pero trajo cola. Para empezar, los maestros protestaron -y mucho- porque perdían dos cursos en los que podían trabajar, así que se habilitó a aquellos maestros que lo solicitaron para que pudiesen dar clase en institutos de secundaria (maestros adscritos), pero únicamente en 1º y 2º de la ESO. Y esto tiene que ver, y mucho, con lo que sucede hoy en día en las aulas.

1º de la ESO es un año curioso. Los ves por el centro alrededor de mayo, haciendo la visita "de contacto", y casi te dan ganas de asustarlos. Vienen con los ojos desorbitados, viendo aquellas amplias aulas y extensos patios, y observan con temor a los alumnos con mentones oscurecidos y porte desgarbado que se mueven por los pasillos profiriendo sonidos guturales parecidos a palabras. Seguramente tendrán pesadillas durante unos cuantos días, pero aún lo pasarán peor cuando a primeros de septiembre entren al centro, con esas mochilas enormes (señores padres, no hace falta que el niño quepa dentro de la mochila, ahí lo deslizo) y esa ropa impecablemente planchada, vitoreados por esos abnegados padres y/o abuelos que les acompañan hasta la puerta y les limpian la cara con un pañuelo de tela humedecido con saliva.

Esa aparente inocencia dura, exactamente, un par de horas. Lo que tardan en ser distribuidos en sus grupos, subir a las aulas y tener la charla con el tutor o tutora asignado. El nerviosismo da paso a la risita histérica, y ahí ya alguno empieza a mostrar sus auténticos colores y te hace ver que va a ser un curso muy largo… para ti.

A los de 1º hay que explicarles básicamente todo: horarios de entrada y salida, funcionamiento de la biblioteca si la hubiese, permisos para ir al baño o a beber (eso se lo aprenderán rápido, ya verás), cómo se les va a evaluar y en virtud de qué, pero, sobre todo, si hay algo que es importantísimo explicar, es el tema de la disciplina. Básicamente porque vienen de un sistema distinto, de la educación primaria, donde eran el tiburón más grande de la pecera. Pero de repente pasan a ser un simple pececillo en un acuario muy grande, y no queremos ni que se nos pierdan, ni que se piensen que todo el monte es orégano y sigan actuando como si estuviesen en el colegio.

Si te ha tocado dar clase a 1º de la ESO o, peor, eres tutor de uno de esos grupos, ármate de paciencia.

Con que aprendan lo básico y no den la turra, adelante. Un alumno que no haga nada, pero no moleste pasará sin problemas. Si algún día apareciera un muñeco de Pocoyó en mi clase, aprobaría todas las competencias: respeta a sus compañeros, no molesta, no se levanta sin consultarlo, puede que haya aprendido algo y la actitud es buena.

Al llegar el final de curso en 1º de la ESO viene uno de los momentos más curiosos y enervantes (con diferencia) en la vida de un docente de secundaria. Te lo contamos para que no te sorprendas y, llegado el momento, actúes con la naturalidad con que actúa un profesor veterano patanegra sangre-de-horchata.

Suele suceder, porque sucede, que en cada grupo tengas dos o tres (o cuatro, o cinco) alumnos disruptivos. De esos que se portan como un Gremlin mojado y que, si pudieses, mandarías a casa por mensajería urgente. Cuando llega la evaluación final tú acudes con ganas de exponer lo mal que se han portado contigo, como argumento de peso para el suspenso que sueñas con arrearles. *"Quid pro quo"*, pensarás. Sin embargo, a poco que hayas prestado atención en las dos (o tres) evaluaciones anteriores, sabrás que por norma general ese problema no va a ser patrimonio exclusivo tuyo.

Y atento, porque aquí viene el giro dramático de los acontecimientos. Según la normativa vigente post-pandemia, cuando el alumno suspende 2 materias promociona de curso, con 3 suspensos lo ha de decidir el equipo docente, y con 4 ya repite curso. A ese efecto, se consideran computables también las asignaturas pendientes de cursos anteriores, pero en 1º de la ESO no tienen. Sin embargo, esa es la norma **general**, porque siempre va a haber alguna excepción. Y… ¿adivinas a quién le van a aplicar esa excepción?

Pues sí. A ese alumno que te hace la vida imposible (a ti, y a media docena de profesores más), que ha suspendido no 4, sino 7 u 8 materias, y que según la ley debería repetir curso.

Ahora la situación es la siguiente: en secundaria sólo se puede repetir una vez cada curso. Este alumno se ha tirado el año haciéndote la puñeta, por lo que desearías que repitiese. Esto, sin embargo, implica tenerlo en el centro un año más. Y que me aspen si ese tipo de perfil de estudiante ha sacado provecho en alguna ocasión de ese "año extra". ¿Verdad que no? ¿Te lo habías planteado? Es ahí cuando, normalmente, interviene el departamento de orientación y suelta la bomba que hace que las yugulares de los profesores afectados se hinchen como una anaconda: "tenemos que pasarlo de curso".

¿Cuál es el argumento que, hasta ahora, ningún afectado contemplaba? Pues que si haces repetir a alguien a quien le importa un bledo lo que sucede entre esas cuatro paredes, ¿Qué te hace pensar que, al año siguiente, rodeado de gente más pequeña que él, se va a enderezar? A ese año de molicie que se ha pegado, le añades otro más (él ya sabe de sobra que, la segunda vez, va a pasar de curso, aunque se tire el día incendiando material escolar), con lo que el único que va a sufrir ahí… ¡Vas a ser tú, que lo vas a tener que aguantar un año más!

Es por eso por lo que la polémica medida es la siguiente: Salvo casos excepcionales (absentismo total, todas las materias suspendidas, o tratarse de un alumno con problemas cognitivos severos), se propone al alumno para promocionar a 2º. Y sí, da igual si tenía 8 suspensos, el tuyo incluido: lo que prima ahí es derivarlo lo antes posible a una Formación Profesional Básica al acabar 2º de la ESO. Hacerle repetir 1º no sólo no le valdrá para nada, sino que además estás entorpeciendo el feliz momento en que se vaya a hacer algo que le pueda interesar, y te deje en paz con tu clase. Así que no lo veas como que le estás regalando un aprobado (le estás promocionando de curso, no aprobando la materia, que sigue suspendida), porque en realidad le estás metiendo en un tren rápido que lo lleve lejos de ti en un par de cursos. Paciencia.

Esto que acabamos de ver, además, es una de las cosas que convierten el 2º de la ESO en uno de los peores círculos del infierno. Ahora veremos por qué.

2º de la ESO implica que tus alumnos tienen ya entre 12 y 14 años. Es cuando sus hormonas empiezan ya a rugir con ferocidad, aunque algunas ya están calentando por la banda a finales de 1º. Lo notarás cuando, a principios de curso, pero sobre todo a finales del curso anterior, enfiles el pasillo donde están las aulas de 1º y notes que el ambiente ha adquirido un grado inaudito de fetidez. De la noche a la mañana, esos niños adorables que venían con su supermochilón y sus ojos desorbitados han sufrido un cambio hormonal salvaje que les ha pillado sin desodorante a mano. Añade el hecho de que las dos primeras semanas de junio suele hacer un calor importante, y ya tienes ahí tu pequeño Vietnam con olor a sobaco.

Normalmente, cuando empiezan su 2º de la ESO los alumnos ya han recibido alguna charla de sus padres sobre higiene personal, y también algún desodorante en aerosol (marca AXE los chicos, indefectiblemente: la publicidad funciona) que facilita bastante la convivencia con ellos. Pero es *vox populi* que ALGO pasa durante ese verano entre 1º y 2º, porque a la vuelta de vacaciones no los vas a reconocer. La frase "¿pero qué les ha pasado este verano?" se repite durante las primeras semanas cientos de veces. Yo llamo a este cambio "**la monstruación**". Olvídate de lo bonicos que eran el curso pasado, porque el último verano han salido hasta las tantísimas por la noche, han tenido su primer contacto (o no tan primero) con el alcohol en las fiestas patronales, y ya no son el pececillo más pequeño del acuario. Ya saben cómo funcionan las cosas y cómo evitar asumir las consecuencias de sus actos. Técnicamente, han crecido. Para peor. ¿Comprendes ahora por qué, a la hora de elegir grupos, los de 2º son los últimos que elige la gente?

2º ciclo ESO

3º y 4º: La verdadera ESO comienza aquí. Los alumnos llevan, por lo menos, dos años en el centro. Ya se conocen todas las triquiñuelas, los puntos débiles del sistema, a los profesores, y las hormonas rugen en su interior como el Krakatoa. Estos cursos son los de mayor bordería posible, vienen vestidos para matar y creen que se les debería pagar (o en su defecto, aprobar) sólo por acudir a clase.

Coincide con que el temario por fin se desliga de lo que se ha visto en primaria y entra en una fase más compleja. El alumno que aprobaba raspado sin pegar sello ahora lo va a pasar mal. Y no será porque no se les avisa a finales de 2º… "Este verano id repasando, porque el paso de 2º a 3º es bastante complicado". Ni flores.

3º es el último año en el que van todos más o menos al unísono, con el mismo temario y las mismas asignaturas troncales. En 4º ya eligen su itinerario, entre científico, humanístico, artístico o -novedad de la LOMLOE- general. Es un tema que se ha criticado mucho al sistema educativo español, y que reforma tras reforma se queda sin abordar: la especialización entre ciencias, humanidades, o incluso formación profesional debería ser antes. Esos alumnos díscolos de los que hablábamos en 1º de la ESO, en países como Alemania o Países Bajos están ya "clasificados" desde el primer año de secundaria. Aquí, por la "titulitis" endémica, intentamos que crucen la línea de meta del título en secundaria, aunque sea empujándoles, tirando de las riendas o poniéndoles ruedas y un cohete. Y no siempre es ese el camino.

4º es un año muy pintoresco. En esos grupos te puedes encontrar casi de todo: alumnos que han pasado curso tras curso sin ningún problema porque en casa les han engrasado los rodamientos cognitivos, y lo suyo ha sido un paseo; alumnos a los que alguna materia (suelen ser las de ciencias) les ha hecho "bola" y, a trancas y barrancas, tienen que aprobarla para poder titular; alumnos que han ido acumulando asignaturas pendientes a lo largo de los tres primeros años, pero han ido promocionando y ahora se encuentran en un auténtico berenjenal que compromete su titulación; y los "matriculados de último recurso": los que, como no aprueben este año, se tienen que ir a una Formación Permanente de Adultos (escuela de adultos) para obtener el ansiado título.

Habitualmente, los dos primeros perfiles se dan en grupos "de letras" porque su complejidad es bastante inferior, y porque son materias más subjetivas de evaluar. Pero también te los encontrarás en los grupos "de ciencias" con alumnos de muy buen nivel académico, de esos que por desgracia cada vez escasean más. Los que llevan arrastrando una colección de calabazas, por lo general, intentan no elegir el itinerario que implica estudiar obligatoriamente esas asignaturas que llevan suspendidas. Pero a veces, por presión parental ("esos estudios no tienen salida", "tienes que estudiar tal porque + añadir justificación peregrina", "ningún hijo mío va a estudiar 'X'..."), a los chavales les toca enfrentarse a asignaturas que no les motivan o que, directamente, les repugnan. Desde aquí, un mensaje para esos padres, patrocinado por el álbum "The Wall" de Pink Floyd: "DEJAD EN PAZ A VUESTROS HIJOS"

4º es un año en el que los alumnos lo suelen pasar fatal, porque empiezan a notar el peso de la responsabilidad sobre sus hombros. Los más sensatos van cogiendo un buen ritmo para que, al año siguiente, al entrar en bachiller la cosa no se les haga tan pesada. Los menos responsables se piensan que con aprobar raspadillo, ya tendrán resuelta la vida y los empresarios vendrán a buscarlos a la puerta de su casa, con la charanga del pueblo y todo. Para colmo, a los profesores nos da por impartir todo el temario ese año, como si estuviésemos cebando a una oca con un embudo, y no es raro ver por los pasillos a algunos chavales con el pelo revuelto y cara desencajada a finales de la segunda evaluación: la presión les está superando por primera vez.

Pensaréis que, siendo el último año de educación obligatoria, y en pro de impartir todo el temario de todas las materias, se intentarán evitar las distracciones innecesarias para que los alumnos lleven sus estudios a buen puerto.

Bueno, más o menos.

Para qué mentir: no. ¿Os suena el concepto "viaje de fin de etapa"?

Antaño, a finales del siglo XX, se llamaba "viaje de estudios" o "viaje de fin de curso" a una excursión de una semana aproximadamente que se hacía, como su nombre indica, por algo relacionado con los estudios (es decir, con fines didácticos), y una vez acabado el curso. La idea era poner un broche de oro a un ciclo en la vida de los chicos, yéndose con sus compañeros a ver mundo, vivir nuevas experiencias y conocer nuevas facetas de sus amigos. Era el premio a tantos esfuerzos y sacrificios y, por tanto, un buen aliciente para animarles a esforzarse y aprobar todas las asignaturas. Para tal efecto, y a fin de que el pago de dicho viaje fuese lo más llevadero posible, a los futuros viajeros se les daba una "lección de vida" y se les conminaba a financiarse el viaje vendiendo casi cualquier cosa, salvo sus órganos: bolígrafos barateros, camisetas conmemorativas, perfumes de imitación, loterías y rifas, mantecados y polvorones pétreos, bombones con increíbles propiedades laxantes… La lección a aprender era "el dinero para TU viaje lo vas a conseguir TÚ con TU esfuerzo".

Hoy en día, sin embargo, la cosa -y cuando digo "cosa", me refiero a la sociedad en general- ha dado un giro dramático. Sé que lo que voy a decir es impopular, pero aquí hemos venido para decir verdades, no para hacer amigos: Una vez superada la crisis económica de 2008, las familias empezaron a sobrecompensar a los chavales, y a darles lo que sus padres no habían podido tener en su día. Los mejores teléfonos móviles, los mejores ordenadores portátiles, las mejores sillas de "gamer", la mejor ropa, los mejores complementos… Y por supuesto, los mejores viajes. Los viajes ya no se financian tanto a golpe de vender quincalla y baratijas, sino a golpe de billetera, y si no, se pide un crédito de consumo a esas empresas tan amables que se anuncian sin explicar el tipo de interés final del préstamo. Esos viajes ya no son pelándose el culo en un autobús durante una semana, sino que hay que subir en avión por imperativo legal. Los Pirineos ya sólo son cuatro montañas, y hay que salir al extranjero o, por lo menos, pisar una playa exótica. Pero el mayor cambio está en el viaje en sí: técnicamente ya no se puede llamar "fin de curso" porque, a fin de no interferir en la industria turística del país y ahorrarse (es un decir) unos eurillos, ya no se realiza en el mes de julio (temporada alta), sino en abril (temporada baja, actualmente la nueva temporada alta).

A nivel organizativo, ese adelanto de 3 meses implica un pequeño-gran caos: en primer lugar, ese viaje va a caer entre la segunda y la tercera evaluación. Está claro que ya podríamos firmar las notas de la evaluación final, pero entre el nerviosismo por el viaje y el viaje en sí, el ritmo de trabajo que llevaban los alumnos hasta ese momento se parte en dos. Y ya os adelantamos que, salvo raras excepciones, van a volver de ese viaje completamente desnortados. Una distracción de una semana en el momento en que más atención necesitan prestarle a los estudios es como consultar el teléfono móvil mientras conduces a 120 km/h por una autopista con curvas.

En segundo lugar, ya no se puede utilizar el viaje como acicate para que se esfuercen hasta el final. Con suerte, habrá valido para que se esfuercen hasta el segundo trimestre. Una vez realizado el viaje, ¿con qué vas a incentivar a esos alumnos? ¿Con un Lamborghini?

Y, en tercer lugar, ya a nivel social: habitualmente los que asumen el peso de financiar ese viaje son los padres. Es un precio alto el que han de pagar, y una vez soltada la pasta (no reembolsable), su hijo va a ir al viaje sí o sí, haga lo que haga, porque el dinero no se puede recuperar. Si se diese el caso de que el chaval suspendiese 8 asignaturas en la segunda evaluación, me jugaría algo a que la excusa parental sería "bueno, al viaje vas porque ya está pagado, pero a la vuelta…". A la vuelta, nada, señores. El chaval ya tiene lo que quería, que era una semana pasándoselo en grande por ahí, y ustedes han perdido la ocasión de darle una lección de responsabilidad. Tomen nota, porque no será la última vez que les haga la misma jugarreta.

Si además de sufrir la estampida de alumnos viajeros, y su posterior retorno cargados de melancolía y abulia, resulta que eras su tutor y te los has tenido que llevar tú de viaje, nuestras condolencias. Lee con detenimiento el capítulo dedicado a viajes y excursiones para evitar caer en esa trampa.

FPbasica: Básicamente, el infierno.

Ser profesor de FPB es, en una palabra, sufrir. Lo peor de lo peor está concentrado en estas aulas, en un intento de contener la infección al resto del centro. Alumnos que, por circunstancias varias, no tienen hábitos de estudio, ni comprenden lo que leen, ni pueden estar sentados en una silla mucho rato. El objetivo es rehabilitarlos para la sociedad y que aprendan a recibir órdenes por parte de sus jefes. Lo demás es superfluo.

En estos dos cursos hay una alta probabilidad de que los alumnos fumen, se droguen y beban sin mesura. Son los alumnos que más problemas te van a dar en los recreos y en las escapadas a los aseos, porque están acostumbrados a hacer lo que les da la gana. La frase que deberías llevar escrita en un post-it antes de entrar a esa aula es "si a sus padres no les hacen ni caso, ¿crees que a ti te lo van a hacer?". Mucho, muchísimo te lo vas a tener que currar para ganarte su atención. Y no te quiero contar si lo que quieres ganarte es su respeto.

El perfil de alumno FPB es una persona conflictiva, que responde mal ante la autoridad, vaga, muy poco trabajadora fuera del centro y con problemas personales. Puede pasar que, al final de la etapa, los alumnos den un cambio a mejor y ya acepten las críticas y se porten mejor en el centro que en su casa, pero no hacemos milagros. Aunque se intenta.

Si por algún motivo tienes que impartir clases en FPBásica y pensabas utilizar el mismo método que con el resto de grupos ordinarios, te recomendamos que te lo replantees. Las clases deben ser prácticas, basadas en la realidad y con el mínimo de conocimientos teóricos. Los agrupamientos te van a dar dolor de cabeza porque estos alumnos suelen llevarse a matar entre ellos y sólo aceptan a "los suyos". Y eso que hay un límite de 16 alumnos.

La principal tarea en FPB1 es la implantación de disciplina y hábitos de trabajo. Es absurdo mandar deberes a estos alumnos porque su vida fuera del instituto es un caos. Estamos hablando de alumnos con algún tipo de adicción, ya sea a sustancias o a internet, y hay que saber cómo lidiar con ello. El uso de ordenadores y teléfonos debe ser diario para evitar el "mono" que tienen de conectarse. Las actividades son de búsqueda de datos en internet (y así pueden dar un vistazo a sus redes sociales, creyendo que no te das cuenta) y análisis y exposición de resultados.

Estos alumnos necesitan instrucciones claras y mucho cariño. Te van a presentar trabajos copiados de la red, pero hay que valorarlos como si fueran un Picasso. El sólo hecho de que te presenten ese trabajo, aunque sea "fusilado" de Internet, ya es un logro.

El principal problema es que se mezclan los alumnos con problemas con los que buscan problemas. Hay que poner mucha atención a los que quieren hacer saltar a sus compañeros mediante pequeñas putaditas continuas hasta que explotan. Si algún alumno te hace llegar que le esconden el material o le desconectan los cables del ordenador, ojito. Sitúate en las clases de manera que tengas enfilados a los posibles culpables. Seguramente, se hayan puesto de acuerdo vía redes sociales para hacerle la vida imposible a su víctima y has de impedirlo.

Estos alumnos reaccionan airadamente ante cualquier llamada de atención. Has de tener mucha paciencia para no estamparlos contra la pared ni dar un paso atrás. Practica tu cara de póquer en casa. Lo más normal es mandarlos fuera a que reflexionen por lo que queda de hora y luego ponerles un parte. El momento de detener la clase y tirarlos de ella es muy tenso porque ya son zamarros de gran calibre y gritan como berracos.

Bachillerato

Antaño, el mejor lugar para los profes. Donde la criba había sido tan brutal que te llegaban los alumnos realmente interesados. Hoy en día, cualquiera con un poco de organización y buen comportamiento acaba calentando una silla en bachillerato. No olvidemos que el centro que ha ofertado la ESO está obligado a acoger a aquellos alumnos suyos que deseen cursar bachillerato, si es que también se imparte allí. Esto es peligroso ya que, aunque al finalizar la ESO se emite un "consejo orientador" donde se recomienda al alumno qué hacer, habida cuenta de su rendimiento e intereses, no será el primero ni el último que se pasa dicho consejo por ahí y se matricula en bachillerato. Debido a esto, BAT1 está lleno de alumnos que querían hacer un ciclo, pero como no les llegó la nota han acabado aquí por hacer algo y no perder un año. Muchas veces el año lo van a perder de todas formas, porque bachillerato requiere un nivel de implicación y esfuerzo elevado, y de propina se van a llevar una desmotivación importante. En el mejor de los casos, durante el primer trimestre los "falsos bachilleres" intentarán con cierto grado de intensidad mantener el ritmo trepidante al que le van a llover los apuntes, trabajos y exámenes. Puede que alguno espabile y se enganche al carro, enhorabuena por él. Pero habitualmente, con la cosecha de suspensos de la primera evaluación se suelen dar cuenta de que esto no es lo suyo y se dan de baja. Alguno habrá que diga aquello de "a la mejor de tres", e intente aguantar un trimestre más. Si hay alguien interesante del otro sexo en clase, suele ser un buen motivo para seguir en el tajo a ver si suena la flauta. Más allá del segundo trimestre, no suele quedar en bachiller nadie que no esté realmente preparado para dar el gran salto, porque los resultados suelen ser contundentes y elocuentes. Y a nadie le gusta que le vapuleen y pide una segunda ración.

En cuanto al temario a impartir, es extensísimo y el tiempo para darlo es muy justo. No se puede perder el tiempo en la disciplina. Hay una enorme cantidad de ejercicios para realizar y las tardes de estudio multiplican las horas respecto a la ESO. Hay que recordarles con cierta frecuencia que BAT1 no es 5ºESO, que no es una etapa obligatoria y que, por tanto, nadie les obliga a matricularse. Bueno, puede que sus padres. Pero eso sí, que no confundan "no es obligatorio" con "la asistencia a clase es opcional". La relación entre el absentismo y el fracaso en bachiller es tan evidente, que no merece la pena ni explicarla.

La organización es clave. Piensa que seguramente vas a perder días por huelgas, enfermedades o contingencias comunes. Es ideal ir con el temario algo avanzado por si acaso. Los alumnos de Bachillerato suelen acabar de los nervios, buscando subidas de notas a cada oportunidad, con altos niveles de frustración al no alcanzar sus metas, o con estrés debido al esfuerzo que implica alcanzarlas. El apoyo del equipo orientador es de agradecer.

Debes llevar un registro de varias actividades evaluables en la clase. Insistimos: varias y variadas. Si sólo te dedicas a valorar los exámenes, los alumnos van a pillarte el truco enseguida y te destrozarán las clases hablando, sacando el móvil y preparando otras asignaturas. Nuestro consejo es que lleves un registro por escrito en tu agenda de TODO, de forma que sepas qué has explicado en cada sesión, qué ejercicios has hecho en clase y cuáles has enviado para hacer en casa. Porque siempre sale el fresco que, después de hacer un examen espantoso, intentará convencerte de que "eso no lo habías explicado en clase". No alcanzamos a explicarte con palabras el gustito que da abrir la agenda, buscar el ejercicio en cuestión y decir "el día tal, expliqué ésto, ésto y ésto, hicimos los ejercicios tal y tal, los corregimos y mandé estos para casa. Por cierto, ese día no viniste". Manita de santo.

En estos cursos, las probabilidades de que quieran copiar o usar chuletas es muy alta porque se juegan su futuro, así que empóllate el capítulo que dedicamos a ello.

El peor castigo para el alumno díscolo está en obtener unos resultados flojos, pero ojito con lo que haces. Borra de tu vocabulario la expresión "bajar la nota", porque implica una penalización y tendrás que justificar muy, pero que muy bien, con pruebas y evidencias de todo tipo, el tomar esa medida. Y generalmente el dolor de cabeza que te va a suponer, no te compensa la pequeña satisfacción de ponerle una nota floja. Gracias a la nueva normativa, siempre se puede justificar como que no se alcanza alguna competencia. Como no todas las competencias se justifican mediante trabajos escritos, es imbatible que el profesor puede poner la nota que le da la gana. Pero justifícalo.

Ciclos formativos: grado medio y superior.

Los ciclos han ido ganando calidad y prestigio conforme han avanzado los años. Imitando el modelo alemán, los alumnos que dudan a la hora de encauzar sus estudios prefieren hacer un ciclo a acabar en la universidad, dilapidando los ahorros de su familia y con un futuro laboral incierto.

Para entrar en un ciclo formativo se debe pasar una nota de corte. Muchos alumnos descubren esto en 4º de ESO, cuando ya no hay margen para la mejora. La nota se realiza de forma aritmética sumando las notas de la ESO y dividiéndolas entre cuatro. Intentar mejorar la nota en el último curso es fútil. Se debía haber empezado antes. Es por eso por lo que ocurre lo comentado en el apartado del Bachillerato, que muchos alumnos piden ciclos a los que no llegarán, confiando en la lista de espera, y acaban en el centro de toda la vida matriculados en BAT1.

Los ciclos son eminentemente prácticos. Hay de todos los tipos y el vocabulario y las asignaturas pasan de algo general a específico. Sólo se imparte lo que puede ser útil.

En el segundo curso se realizan dos trimestres en el centro y un tercero de prácticas en una empresa. La buena noticia para los profesores es que, si se marchan tus alumnos, pasado marzo tu horario es un erial donde te dedicas a hacer alguna guardia y poco más. Por eso es habitual que los profesores más veteranos se monten un horario exclusivamente con ciclos formativos, por su escasa (si no nula) conflictividad, contenidos relativamente sencillos, y calendario generosamente despejado.

Es raro que algún alumno suspenda las prácticas, pero ocurre. Alumnos maleducados que son enviados a trabajar y descubren que sus superiores no les esperan con los brazos abiertos y una taza de Colacao todos los días. En ese caso hay que convocar una reunión del equipo educativo y tratar de sortear el tema mediante trabajos o exámenes extra.

6. LOS REYES SON LOS PADRES
(pero tú eres emperador)

Ponte en situación. Acabas tu jornada, estás recogiendo y mandando los mensajes de "hace los deberes", "molesta en clase", "incita a no cumplir las normas", "introduce sustancias perjudiciales para la salud", "no comunica la información del centro a la familia", "suplanta la identidad de un compañero" (100% real) y te avisa el conserje:

-Ha llamado la madre de fulanito. Aquí está el número.

¿Qué haces?

Si eres de corazón blando, acabarás llamando y perdiendo el tiempo por alguna tontería que se podría haber solucionado con un mensaje de texto. En cambio, el profesor rancio diría: "Ya la llamaré en mi horario de atención", cogería la puerta y se iría.

Seguro que al leer esto has pensado "menudo imbécil, ¿qué le costaba haber llamado?". La experiencia nos dice que la respuesta del profesor rancio es la correcta. Todos los trabajos tienen un horario. Todos acaban en algún momento, y pedir que te regalen el tiempo es deferencia de la persona que te atiende, pero en algún momento hay que bajar la persiana e irse a casa.

Los padres son los verdaderos clientes del sistema. Están pendientes del resultado que reciban sus hijos y con el dedo en el gatillo para quejarse a la mínima de cambio. Básicamente, sus hijos siempre tienen la razón, menos cuando son pillados con una brutal acumulación de pruebas en su contra. Hay varios tipos de padres:

Las plañideras. No saben qué hacer con sus vástagos. Les tratan de limitar el ocio sin resultado, y acuden a los tutores como si les fueran a dar un remedio milagroso. Leen blogs en internet buscando al "hombre que susurraba a los alumnos", pero luego no duran ni dos días siguiendo sus propias reglas. Sus hijos lo saben, les tienen cogida la medida hace tiempo, y como te puedes imaginar, intentarán aplicarte a ti esa táctica, así que estate prevenido. Estos padres son los que más excusas pondrán cuando sus hijos no entreguen los trabajos a tiempo o decidan huir del instituto en horas de clase. Recuerda que no van a reconocer su incompetencia como padres a la primera, así que aceptarán cualquier "parche" que les propongas, y que les evite el tener que coger al toro por los cuernos. Como cuando pescas un pez voluminoso, no tengas prisa por cobrarte la pieza, tómate tu tiempo y disfruta de la captura. Les encantan las hojas de seguimiento que deben firmar los profesores (al fin y al cabo, no es tarea para los padres… una hoja que lleva el alumno, y en la que cada hora se debe escribir cómo se ha portado en clase), reunirse cada quince días y recibir las notas de los alumnos antes de que se las digan al resto de la clase.

¿Cómo hablar con ellos? Ve al grano, llevando un guion preparado. No dejes que te interrumpan con sus lamentaciones y dales soluciones concretas. Escribirles mensajes es más práctico que recibir su turra de viva voz, porque podrás usar la estrategia de "mírese los consejos que le pasé por correo".

Los broncas. Destilan mala baba. Se creen rebeldes contra el sistema y no cuesta imaginarlos en la barra del bar despotricando contra los profesores, porque de hecho suele ser ese su hábitat. En su casa no hay un solo libro, pero serán capaces de imprimir y subrayar la legislación para enfrentarse a las decisiones del profesorado. Se negarán a que se tomen medidas ejemplarizantes como que su hijo vaya por las tardes a limpiar la pintada que hizo, que se quede en la biblioteca estudiando o que sea expulsado, aunque le haya saltado un ojo al compañero.

¿Cómo hablar con ellos? Repásate la legislación antes, por si acaso. No los recibas nunca solo. Cuenta siempre con la ayuda de un testigo, idealmente que sea miembro del equipo directivo para respaldar las actuaciones, y que pueda salir al quite de los lapsus que puedan surgir. Las medidas han de ser firmes y no titubear. También conviene intercambiar opiniones con la directiva antes de la entrevista, para asegurarte de que van a estar de tu lado, no sea que te lances a la piscina, te hagan una "cobra" y te quedes solo ante el peligro.

Los troleros. Todo está permitido para su prole. Si no quieren ir a clase, lo respaldarán (aunque se haya pasado hasta las 4 am jugando al ordenador). Se inventan enfermedades para rellenar los justificantes de asistencia, aunque normalmente la creatividad no va más allá de "no se encontraba bien", "le dolía la cabeza / el estómago / las muelas". Si se trata de una alumna de secundaria, prepárate a ver "le ha bajado el período muy fuerte" unas cuantas veces a lo largo del curso. Puedes llegar a reunirte con ellos tres veces en un mes, que tres veces te contarán una excusa nueva, lo cual es maravilloso para aquellos como nosotros, que nos dedicamos a recopilarlas. Sus hijos sufren de autismo, TDAH, intestino nervioso y cólicos autodiagnosticados, sin que intervenga la consejería de salud de turno. Antaño el perro, en un ataque de glotonería y ansia por aprender, se había comido los deberes de sus hijos, pero en el siglo XXI los niños te han enviado todos los deberes, pero seguramente Google perdió la tarea. O no les funciona Internet, como bien te han explicado varias veces por correo electrónico, o no tienen la contraseña para entrar al aula virtual, aunque tú estés viendo cada día cómo se conectan y sus compañeros te digan que ayer estuvo jugando online.

¿Cómo hablar con ellos? Datos, datos y datos. Hay que llevar un registro asquerosamente minucioso de las veces que te has comunicado con ellos, qué día, a qué hora, sobre qué tema y levantar acta de los acuerdos a los que se han llegado, porque te van a dar mucho la vara. Si aplicaran esa minuciosidad con sus hijos, tendríamos un plantel de premios Nobel.

Los psicólogos. No tienen la carrera de psicología y puede que trabajen de aparcacoches pero están al tanto de la jerga y la usan como si fueran expertos. Ellos siempre lo están haciendo todo bien: dedican un tiempo al día para dialogar con la familia, sus hijos son superabiertos y les cuentan todo (porque su relación es "muy especial"), nunca dicen mentiras y se sorprenden cuando descubren que la adolescencia implica romper con los roles de la infancia.

Los incongruentes. Llega un momento en el que te descolocan y ya no sabes si te están gastando una broma de cámara oculta. Piden cita telefónica, te cogen el teléfono y cuelgan, acuden a una reunión tarde y luego se quejan de la falta de puntualidad de los profesores o escriben textos más largos que el bloc de notas de Tolkien y a tus mensajes contestan con un "OK".

Recuerdo el caso de una madre que me pidió una tutoría para hablar de su pequeño. Porque ese era el adjetivo que usaba ella: pequeño. El zamarro tenía más espalda que un frontón y no pegaba sello. Nos sentamos en la sala de reuniones y la madre se arremanga la blusa para mostrar sendos tatuajes de plantas de marihuana. Y aún me tuvo veinte minutos tratando de explicarme por qué su hijo no iba cara al aire.

¿Cómo tratar con ellos? No te molestes en buscar un patrón. Lleva un recuento minucioso de las veces que te has comunicado con ellos, para así cubrirte las espaldas cuando acaben quejándose de alguna cosa ante el equipo directivo. Trata de ser muy puntilloso con la programación y, en caso de problemas, pásale la culpa a otro (el gobierno, los illuminati, Yoko Ono... cualquiera vale).

Acercamiento a la batalla.

Ha llegado el momento. Has concretado una cita con la familia del alumno problemático y te toca lidiar con ellos cara a cara.

Lo primero es planificar el encuentro. Aunque sólo sea ese día, esconde tu camiseta friki y vístete como el maniquí del Zara. Avisa en conserjería que vas a recibir visita, y pregunta dónde puedes celebrar el encuentro. Hay que reservar un aula (he visto salas de reunión-zulo aprovechando el hueco de una escalera), no sea que aparezca el padre de turno y no puedas recibirlo en condiciones. En ese caso, hay que acudir a tu departamento. Si ya sabes que el progenitor es un brasas, cítalo a mitad de hora, para que el timbre te salve de una hora de sufrimiento.

Prepara un guion.

- Saludo. Apretón de manos. Incluso a las mujeres. Queda más formal y profesional.

- Acompañamiento al aula escogida. Usa algún tema neutro para romper el hielo como si te lo encontrases en el ascensor. Esto te servirá para evaluar el nivel de bronca que pueda haber después. Si responden fríos, es que vienen con la bilis hirviendo.

- Momento de sentarse y sacar el material. Tenlo todo ordenado, una hoja como marcador, post-its en las páginas importantes y un resumen de las tropelías del bandarra. Esto te ayudará a que no se te olvide nada importante, y también a ir modulando la intensidad de las bombas que vayas soltando. Si además del esquema, tienes pruebas que refrenden lo que dices, vas a ser el amo.

- Primero se hace una recopilación de datos. Verás que el progenitor va a intentar interrumpirte a cada momento. Lo escuchas, pero sigues, no te detengas nunca. Cíñete al guion, y desconfía si ves mucho empeño en intentar "sacarte de la carretera". Eso huele a encubrimiento que tira de espaldas.

- Momento para la pausa dramática: Cierras la libreta, juguetas con las gafas (si las llevas y no las necesitas realmente), sueltas el bolígrafo, te sacas un moco… lo que quieras, para mostrar que cedes la palabra.

- Aguantas el chaparrón de turra. Ya te aviso, te van a sorprender con cualquier excusa o justificación, por peregrina que sea, así que prepara tu mejor cara de póker. ¿Cómo reaccionarías ante esto (caso real 100%)? "Claro, no trabaja en clase porque es escorpio, ¿sabes lo que es estar rodeada de escorpios? Toda la familia de mi marido igual".

- Das las pautas a seguir: pides seguimiento por parte de los padres y así demuestras que esperas colaboración y explicas las medidas a seguir en clase. Dependiendo de la problemáticas puedes adelantar al alumno en la fila para tenerlo cerca de tu mesa, darle material adaptado y extra o ejecutar medidas disciplinarias. Medidas que deberás haber comprobado antes con jefatura de estudios para no prometer castigos que no existen. A tirar de un arado pondría yo a alguno, pero en mi centro se niegan a comprar uno, así que debo usar las armas a mi disposición.

- Cierras la sesión con un "bueno, voy a dejarle que tengo más padres esperando". Aunque sea mentira, es la única manera de cortar el bucle infinito de reproches. Hay gente que no entiende que repetir las cosas diez veces no soluciona nada. Hay que actuar ante los problemas, no sólo quejarse.

- Se da la mano y se acompaña a la puerta de salida. Es muy importante que el padre no se cruce con sus vástagos ni vaya a buscarlos en pleno calentón. Puede dar lugar a situaciones muy desagradables.

- Te sientas y resoplas. Levantas acta de que has hecho la reunión en tu agenda. Esto te ayudará de cara al futuro, cuando ya no recuerdes qué día ni de qué hablaste con esta familia. Un café te vendría bien, que has gastado la lengua más que un gato.

Como hemos comentado, los reyes son los padres pero tú eres quien está por encima de ellos. Eres el profesional encargado de cumplir con el currículum y llevar a buen puerto el curso dentro del aula. Así que hay que saber muchas cosas aparte de tu asignatura.

¿Qué sentiste antes al leer el ejemplo del profesor que dijo "ya le llamaré en mi horario de atención"? Ese y no otro es el tipo de persona en el que tienes que reflejarte. Para que no te líen y para no acabar con síndrome de *burnout*. Es importante conocer varias cosas que tienes que dejar claras desde el principio.

- Derecho a la desconexión digital. Responder un WhatsApp a las 11 de la noche de un compañero agonías no es correcto. Ni es bueno para ti, que te rompe el merecido descanso, ni va a acelerar los acontecimientos del día siguiente. Según la legislación, es ilegal enviar carga de trabajo fuera de tu horario laboral. Y esto, si nos ponemos serios, implicaría que ni por las tardes laborales una vez acabes tu jornada. Más grave es molestar durante los festivos, donde debes estar haciendo lo que más necesitas: desconectar para volver con energía al trabajo. El derecho a la desconexión digital de los trabajadores se regula en la Ley de Protección de Datos y Garantía de Derechos Digitales (LOPDGDD) de 2018. En el artículo 88. Básicamente consiste en el derecho a no conectarse a ningún dispositivo durante tu periodo de vacaciones o de descanso. Por tanto, los profesores no deben responder correos o mensajes fuera de su horario laboral.

Siendo yo profesor interino, acabé en un centro con un jefe de departamento hiperactivo. Un domingo cualquiera estuve con la familia, llegué a casa, cené y se me ocurrió mirar el móvil. 80 mensajes del grupo de mi departamento y cuatro mensajes personales directamente preguntándome qué opinaba yo sobre una chorrada supina. Y entré en pánico; ¿De qué hablaban? ¿Qué debía decir yo que era el último en llegar? Recuerdo ese domingo como una pesadilla. Ahora con más tablas y más información ni hubiera contestado o hubiera copiado y pegado la legislación.

Dos consejos salvavidas: uno, desconectar los sonidos de alerta de tu móvil. Si vivimos pegados al móvil, ¿para qué amargarse? Al final le pillas manía al sonido porque trae malas noticias.

Dos, aprende a programar tu app de mensajería. Outlook y Gmail permiten bloquear los correos en franjas horarias determinadas. Yo lo recomiendo a partir de las 19:00 los laborales y siempre los festivos. Cualquier mensaje que te manden te llegará si abres la app (mala idea) o al día siguiente a las 7am. Y ya te lo leerás mientras desayunas tus magdalenas.

- Conoce las enfermedades típicas. Cada año, el ministerio redacta una guía de enfermedades por categorías profesionales. Es increíble la poca publicidad que tiene. La información que contiene es vital para ti. Así, cuando estés en problemas sabrás por qué y podrás explicarlo a tu médico de cabecera. Las enfermedades típicas están valoradas de 1 a 4, ¿Cuál es la que más nos afecta? Pues las enfermedades mentales, claro. Échale un ojo, que esto te acelerará la identificación de tus problemas alguna vez.

Código CNO-11: 2230	PROFESORES DE ENSEÑANZA SECUNDARIA (EXCEPTO MATERIAS ESPECÍFICAS DE FORMACIÓN PROFESIONAL)

GPR: F; G; J; L	SECTOR DE ACTIVIDAD (CNAE): - 85: Educación

OCUPACIONES INCLUIDAS:	OCUPACIONES AFINES NO INCLUIDAS:
- Profesores de enseñanza secundaria o formación profesional (materias no específicas) - Profesores de instituto - Profesores de enseñanza secundaria, artes	- 1326: Directores de estudios - 2220: Profesores de formación profesional materias específicas - 2321: Inspectores escolares - 2329: Profesores particulares de clases de instituto - 2329: Orientadores escolares

REFERENCIAS:
Cualificación profesional (CNCP): no existe
Permisos administrativos: no requiere certificación específica

COMPETENCIAS Y TAREAS:

Este grupo enseña una o más materias de enseñanza secundaria, excluidas las dirigidas a preparar a los alumnos para el empleo en áreas de ocupaciones específicas.

Nota: Aquellos profesores que imparten materias específicas que tienen como finalidad preparar a los estudiantes para un empleo específico se clasificarán en el grupo primario 2220, Profesores de formación profesional (materias específicas), tanto si trabajan en un instituto de enseñanza secundaria como si lo hacen en uno de formación profesional. Aquellos profesores que imparten a nivel de secundaria materias tales como matemáticas y que no preparan al alumno para el empleo en un área específica ocupacional se clasificarán en este grupo primario independientemente de si trabajan en un instituto de secundaria o en uno de formación profesional.

Entre sus tareas se incluyen:

- proyectar y modificar planes de estudio y preparar los cursos de conformidad con las directrices establecidas al respecto; establecer y aplicar normas de comportamiento y procedimientos para mantener el orden entre los alumnos;
- preparar y dar clases, dirigir debates y realizar demostraciones en una o más materias; establecer objetivos claros para todas clases, unidades y proyectos, y comunicarlos a los alumnos;
- preparar los materiales y las aulas para las actividades de la clase y adaptar los métodos docentes y los materiales de enseñanza a las distintas necesidades e intereses de los alumnos;
- observar y evaluar el rendimiento y el comportamiento de los alumnos;
- preparar y administrar pruebas y exámenes con objeto de evaluar los progresos de los alumnos, y dar las calificaciones correspondientes; preparar informes sobre la labor de los alumnos y consultar a otros profesores y a los padres;
- participar en reuniones relativas a políticas educativas u organizativas del centro;
- planificar y organizar actividades escolares y participar en ellas.

POSIBLES MENCIONES EN EL CUADRO DE ENFERMEDADES PROFESIONALES:

- 2L0101: Nódulos de las cuerdas vocales a causa de los esfuerzos sostenidos de la voz por motivos profesionales

Código CNO-11: 2230	PROFESORES DE ENSEÑANZA SECUNDARIA (EXCEPTO MATERIAS ESPECÍFICAS DE FORMACIÓN PROFESIONAL)			

REQUERIMIENTOS	GRADO			
	1	2	3	4
Carga física	X			
Carga biomecánica				
Columna cervical	X			
Columna dorsolumbar	X			
Hombro	X			
Codo	X			
Mano		X		
Cadera	X			
Rodilla	X			
Tobillo/pie	X			
Manejo de cargas	X			
Trabajo de precisión		X		
Sedestación		X		
Bipedestación				
Estática		X		
Dinámica		X		
Marcha por terreno irregular	X			

REQUERIMIENTOS	GRADO			
	1	2	3	4
Carga mental				
Comunicación				X
Atención al público			X	
Toma de decisiones			X	
Atención/complejidad				X
Apremio		X		
Dependencia	X			
Visión				
Agudeza visual			X	
Campo visual		X		
Audición		X		
Voz			X	
Sensibilidad				
Superficial	X			
Profunda		X		

Nota: en profesores de educación física, la sensibilidad profunda puede aumentar 1 o 2 grados.

POSIBLES RIESGOS Y CIRCUNSTANCIAS ESPECÍFICAS

POSIBLES RIESGOS DERIVADOS DEL AMBIENTE LABORAL:
- No constan

POSIBLES RIESGOS DERIVADOS DEL MATERIAL/HERRAMIENTAS DE TRABAJO:
- Utilización de pantallas de visualización de datos

CIRCUNSTANCIAS ESPECÍFICAS DEL MEDIO LABORAL:
- Trabajos con probabilidad de alto riesgo de violencia en el desarrollo de sus tareas fundamentales

Leyes no escritas pero ciertas:

A los que más bronca montan, hay que tenerlos contentos.
Creerás que esto me lo he inventado, pero salió de la boca del formador de directores durante el curso para convertirse en ídem. Más tarde, lo volví a escuchar por parte del inspector de zona. Vale tanto para padres como para profesores. Básicamente, hay que dar la razón a los locos y que los demás trabajen el doble. Ese profesor que se escaquea en las guardias, el que pide la palabra en

todos los claustros o el que se toma sus diez minutos para ir de una clase a otra que estaban pegadas tiene el beneplácito de la administración. Normalmente se trata de profesores asentados que conocen los trapos sucios de dirección y a los que no les tiembla el pulso para llamar a la prensa y presentar batalla si se recortan sus privilegios. Ahora ya sabes por qué nunca vas a poder deshacerte de ellos.

Si vas a enfrentarte a los padres que vienen en son de guerra buscando clavar tu cabeza en una picota, debes tener al equipo directivo de tu parte. Antes de que el tsunami te desborde, trata de saber si te van a respaldar o no. Y si es que no, monta bronca.

Los altos pasan de curso antes. Pongámonos en situación: dos alumnos de 1º ESO han suspendido cinco asignaturas y deberían repetir curso. Uno de ellos mide 1,40 y el otro 1,70. Al final pasará excepcionalmente el que mide más, ¿Por qué? Por causas tan peregrinas como que "destacaría entre el resto", "no se acoplaría con los nuevos compañeros" o "se haría el amo de la clase y los viciaría". Así que, ya sabéis, tened hijos altos y aprobarán. Esta ley te conviene conocerla porque tus castigos y suspensos de ese alumno problemático pueden quedar en agua de borrajas en el momento decisivo. Y todo puede decidirse por meros centímetros.

Los profesores no se leen los trabajos de los que sacan 10. Cuestión de supervivencia. A la hora de calificar hay que ser puntilloso para que los alumnos aprendan de sus errores, pero si ves una trayectoria de buen comportamiento + trabajo en casa y clase + buenas notas = esa persona va a sacar buena nota seguro. Y si ya le calificaste varios meses con 10, seguro que llegará el momento en que ni te leas sus trabajos. Si un padre pejiguero te busca las cosquillas para que le subas la nota a un alumno piensa en todas esas veces que has regalado el aprobado. También podrás hacer la vista gorda en este caso.

Ejercicio limpio vale por dos. A todos nos cuesta no fijarnos en las apariencias. En las tareas, igual. Una libreta limpia, con buena selección de colores y todo en regla, pero con ejercicios erróneos será mejor calificada que una amalgama de tachones y manchas con la solución correcta. Un profesor pulcro transmitirá más confianza a los padres que uno desaliñado. Vivimos en la sociedad de la imagen, no hay duda.

Respira antes de hablar. A todos nos ha pasado que un padre maleducado nos ha puesto a mil. Esa manera de despreciar, atacar y molestar es muy venenosa. Y más ahora que pueden escribirte vía internet en cuanto su retoño les llora un poco. Respira. Hazte un té. Vuelve a respirar y entonces contéstale. Si no tienes un filtro, vas a acabar escribiendo lo que piensas y eso puede ser tu ruina. Y no vale la pena poner en su sitio a un imbécil si con eso vas a perder tu puesto de trabajo. Aquí van unas ideas para que puedas pasar ese trago más fácilmente:

Vocabulario básico para decir que su hijo es un vago, pero en argot para que no se entienda

- **Está en una edad difícil** = Difícil es que saque un lápiz y haga algo, sí.

- **Es un alumno muy impulsivo y se frustra rápido** = No pega sello y encima, el día que viene despierto, quiere contestar a todas las preguntas como si no hubiera nadie más en la clase. Para colmo, lo hace mal y no aguanta que se lo digas.
- **Está bien que tenga un objetivo, pero tiene que centrarse en las tareas actuales para alcanzarlo** = Como no tenga un padrino que lo coloque, a ver si entiende que no le van a caer del cielo las ofertas de trabajo. Yo no lo contrataría ni para enroscar una bombilla.
- **Debe desarrollar las competencias en toda su plenitud** = estudiar, hacer los deberes y no venir a comerse el bocadillo del recreo en clase es lo único que le pedimos.
- **Es un perfil de alumno con dificultades** = voy a hacer como que me creo la trola que me está soltando.
- **Tiene que aprovechar esta oportunidad** = no soy futurólogo pero vamos, que si hicieran una porra para saber si su hijo va a repetir curso, apostaría mi casa, coche y perro.
- **la adolescencia es una etapa de conflicto** = como usted no le ponga límites, lo veo en la sección de sucesos.
- **estudiar y esforzarse le vendrá bien para desarrollarse como persona** = si por mí fuera, lo mandaba a picar piedra pero, como la ley me obliga a tenerlo dentro del aula, voy a darle un mensaje positivo antes de que le llegue el boletín de notas.
- **Tranquila, que no es el único al que le ocurre** = pero si todos sus amigos son iguales, a ver si cree usted que tiene una perla en casa que le va a sacar de pobre.
- **No se preocupe, veo que no las ha suspendido todas** = ahí está religión, que no la suspende ni Satanás quemando crucifijos.
- **Gracias. Espero que mejore** = me importa un pito la mentira que me ha intentado colar y ya no voy a gastar más tiempo en esta conversación. Válido tanto para excusas médicas como para suspensos.

7. PARTES Y CASTIGOS

Todos vamos a pasar por esto: un alumno que nos trae por la calle de la amargura. No saca los libros, quizá ni los tenga, molesta, interrumpe, habla, se levanta como si estuviera en su casa y, en definitiva, viene a desmontarte cada sesión. En el anterior manual ya tratamos el tema y las diferentes acciones que puedes llevar a cabo para reclamar el trono de líder de la manada. Aquí vamos a hablar de lo que puedes hacer trascendiendo tu horario de clase.

Cuando te enfrentas a un alumno díscolo, hay varias maneras de acercarse al problema. Muchos compañeros se saltan estos sencillos pasos y afrontan la situación de una manera incorrecta, que les conduce a la angustia y las ganas de abandonar la profesión. No lo niego, es desesperante ver cómo una sola persona destroza todo lo que has preparado y a su llamada comienzan a acudir los buitres para darse un festín llevándote al límite y gozando al verte de los nervios. Pero hay solución para todo.

El primer paso es aplicar un poco de *mindfulness*. Analiza la situación conflictiva desde una perspectiva objetiva y los diferentes agentes que intervienen. Haz una lista de malhechores y cómo intervienen para provocar el caos. ¿Traen el material o se lo tienes que proporcionar? ¿Se esperan a que comiencen las tareas o es un ataque indiscriminado? ¿Ha llegado al tema personal? ¿Tienes identificado a un líder negativo o son varios anarquistas sin ley? ¿Cómo afecta esto al resto de la clase?

Una vez lo tengas redactado en papel, llegarás a un punto en el que te faltarán datos. Aquí viene el primer consejo: En una situación negativa pide ayuda. Tanto en el aula como en la vida. Déjate de falsos orgullos y miedos que sólo te llevarán a los ansiolíticos. Hay un problema y eres tú quien debe atajarlo. Hacer la vista gorda sólo empeorará la situación y vas a arrastrar al resto de alumnos contigo por culpa de tu inacción. Eso es ser un mal profesional.

La primera persona con la que tienes que hablar es con el tutor. Que sí, que está hasta las narices de que le busquen como si fuera familia del malhechor, pero posee información a la que tú no accedes y te ayudará a clarificar la situación personal de los alumnos. Quizá un alumno no tenga medios económicos y por eso no trae el material, esté inmerso en una batalla campal por su custodia o en su familia no hay horarios ni control alguno. Con estos valiosos datos puedes completar la lista de malhechores.

Ahora viene tu parte. Juzga cómo actúas sin paternalismos. Cómo contestas a las interrupciones, resuelves cada acción y socorres a los que sufren las perrerías de los facinerosos. Si te vas a poner un 10 en todo, pues mejor ve cerrando este libro y cómprate un espejo, Narciso. Los descansos son un buen momento para conocer al resto de profesores y preguntarles por sus métodos de actuación con "ese" grupo tan duro. Lo que te vaya pareciendo buena idea lo anotas también. Poco a poco irás completando el protocolo de actuación.

Una vez lo tengas todo, es el momento de diseñar meticulosamente un plan cual Hannibal Smith. Conocer tus posibilidades será crucial en esta etapa.

El plan A:

Tratar de detectar qué le ocurre al sujeto. Si es falta de capacidad, tratará de ocultarla mediante chulería. Dicha falta de capacidad se suele poner en evidencia a la hora de corregir los ejercicios. Puedes llegar a un acuerdo tácito en el que no le obligas a hacer el ridículo cada vez que toca responder. Las respuestas a las que se enfrente deben ser fáciles o de elegir la opción entre varias. La mayoría responden positivamente a esta ayuda y comprenden que les estás echando una mano. Otros pasan incluso de esta deferencia.

Si ya tenemos a un alumno broncas y que se niega hasta a hacer las tareas más simples, tienes a un objetor con todas las de la ley. La mejor manera es negociar un pacto de no agresión: lo sitúas junto a la ventana o la puerta y en el fondo de la clase. Con esto ganamos un doble objetivo: reduces la atención que le prestan los compañeros y le das un lugar donde se crea que te está tomando el pelo no haciendo nada.

Si llega un momento en el que te tienes que enfrentar al susodicho, planea bien tu jugada. La clase se va a detener y el alumno recibirá toda la atención, incluso de los que están trabajando a su ritmo. Eso hay que evitarlo. Dependiendo del caso, una humillación pública les subirá el ego. Lo mejor es sacarlo fuera de clase y conversar con él. Esto implica que el resto de la clase se va a quedar a solas, así que hazlo con los grupos donde no haya muchos maleantes porque, de lo contrario, te vas a crear un problema adicional al volver a clase. Una vez escindido del grupo, los alumnos suelen bajar los humos. Esta bajada suele tardar en algunos, así que empieza por usar palabras no ofensivas y sólo preséntale la situación. Cuando detectes que está dispuesto a escuchar, lanza tu ofensiva. Los principales temores de estos alumnos son: que hables con su familia, que les castiguen sin conexión a internet y que les obliguen a trabajar más. Acabas con unas palabras conciliadoras y vuelves a clase. Es importante continuar con tu programación al instante, para redirigir la atención del grupo hacia la pizarra.

Una vez acabe la clase y tengas un hueco, hay que encontrar aliados. Primero contacta con la familia. En caso de escasez de tiempo para llamar telefónicamente, manda un mensaje. Claro, para eso tienes que saber si esa familia lee los mensajes, porque hay expertos en hacerse los despistados. Expones lo que ha ocurrido, pero no das la culpa sólo al alumno. Esto es una estrategia ganadora. Por ejemplo: "Lamento comunicarles que su hijo se ha comportado incorrectamente durante la clase. No ha trabajado ni hecho las tareas. Al aburrirse, se ha dedicado a molestar a sus compañeros. Entiendo que hay días en los que la atención se dispersa, pero hay que trabajar en clase para poder seguir el ritmo de estudio. Espero que mejore su actitud. Un saludo". Un padre que lea esto acabará por felicitarte.

El plan B

Si resulta que el elaborado plan falla, no te preocupes. Acude a jefatura de estudios. Concierta una cita donde vas a tratar el problema al que te enfrentas cada sesión. Pero no empieces dando un portazo y quejándote de los alumnos como si fueran el demonio, aunque algunos vengan con tridente y cuernos a clase, sin ser Halloween. A todos nos gustaría tratar con alumnos mejores, más estudiosos o educados, pero la realidad es que tenemos el material humano que nos toca y hay que jugar con él. Comienza explicando todo lo que has hecho hasta ahora. Si realizas un análisis ajustado a la realidad, es más probable que te echen una mano. Pedir expulsiones como solución mínima es irreal y te vas a llevar una decepción. Acuérdate de Dracón, el legislador ateniense que castigaba todo delito con penas gravísimas. Ha de haber proporcionalidad en el castigo, y no puedes pedir que manden a casa a un alumno porque se ría en clase y no haga los deberes. ¿Qué reservarás entonces para cuando ese alumno se ponga farruco y el mobiliario del aula empiece a volar por los aires, en mitad de una batalla campal? ¿Lanzarlo fuera de la provincia con una catapulta? ¿Meterlo en el toro de Falaris y encender una hoguera debajo? Simplemente recuerda esto: si el alumno recibe el mismo castigo (aunque sea grave) por hacer una pequeña travesura que por hacer una maldad grave, no tardará en pensar "si de todas formas el castigo va a ser gordo, ya puestos, hago la maldad grave". Son alumnos, no idiotas, y se mueven siguiendo códigos de valores que, entre los adultos, parecen ridículos y absurdos, pero entre adolescentes son como la palabra de Dios escrita sobre dos losas.

Los jefes de estudios suelen ser una buena ayuda en estos casos, como decíamos, ya que son un poco la policía del centro. Se encargan de los horarios, pero también de la disciplina, por lo que con una breve entrevista con esta persona te dará una instantánea bastante buena de lo que se cuece entre esos muros.

Habitualmente cada centro dispone de un Reglamento de Régimen Interior ("interno", hasta 2020, RRI en lo sucesivo), que emana de la propia Ley Educativa vigente. Aquí no vamos a poner nombres, porque vamos... LOE, LOCE, LOMCE, LOMLOE... el mismo perro con distinto collar, pero en esencia es lo mismo. Ese Reglamento se lo conoce el jefe de estudios al dedillo, por lo que cuando se procede a abrir expediente (esto ya es gordo) a algún alumno, ha de citar qué artículos del RRI se han vulnerado, cómo de graves se consideran esas faltas, y la sanción que es de aplicación. ¿La ventaja? Que en realidad el jefe de estudios no ha de interpretar nada, ni decidir cómo de grave es la infracción, porque todo eso ya viene en la propia normativa que regula la convivencia en las aulas.

Sin embargo, para llegar al punto de abrir un expediente la cosa ha debido ser muy fea, y no siempre es el caso: no matemos moscas a cañonazos. Lo habitual es esa conducta cotidiana, que no llega a ser molesta como tal, pero sí bastante incómoda. Es ese zumbidito que notarás en la oreja y que te hará manotear alrededor para espantar un mosquito invisible. Porque no lo ves, pero sabes que está ahí. Y el mosquito siempre vuelve, pero esta vez un poco más cerca y un poco más molesto. La conducta molesta en el aula irá *in crescendo* hasta que no puedas obviar que está ahí, y consigas identificar el foco del problema.

Lidiando con los expedientes.

Un día estás a tu aire por los pasillos cuando recibes un saludo cordial por parte del jefe de estudios y te invita a pasar por su despacho. No, no vas a recibir un lote de navidad adelantado, se trata de un expediente disciplinario y te ha tocado ser el instructor.

El tema es el siguiente: cuando un alumno sobrepasa los límites repetidamente, empieza a recibir partes disciplinarios. Los partes, en sí mismos, no son nada alarmantes. Sólo recogen lo que hizo un alumno un día en concreto. Van de leves a graves y lo escriben los profesores que han sufrido de primera mano los desmanes del susodicho alumno. Lo normal es que los alumnos molestos acumulen una buena cantidad de partes leves. Hasta podrían empapelar su cuarto con ellos. Dependiendo de la directiva, cada tantos partes leves se convierten en uno grave. Aquí entra en juego lo que quiera currar la directiva, que he visto trampas flagrantes como que la entrada en un nuevo trimestre "borra" los partes anteriores o que el alumno siempre esté a punto de ser castigado pero nunca se le aplique sanción alguna.

Cuando la acumulación es excesiva o se trata de un parte grave, se necesita un instructor. Su papel es actuar como juez, para que, vistas las evidencias, imparta un juicio acorde a la ley. Se escoge a profesores que no estén en contacto con el alumno, en teoría para garantizar cierta imparcialidad, en la práctica para que no puedan recibir represalias ni coacciones. Tu tarea es leerte todos los partes. Con esto ya sabrías el grado de gamberrismo al que te enfrentas y se podría acabar todo aquí pero, en un alarde de equidad, hay que acumular nuevas evidencias.

Primero te reúnes con el alumno infractor. Vas a su aula y lo sacas durante un hueco que tengas en tu horario. Le informas de tu rol y le vas pidiendo explicaciones sobre qué opina él de cada uno de los partes. Van a echar la pelota a otro tejado, nunca admitirán nada o será culpa de otro, al cual nunca quieren delatar. A veces me pregunto si es que están enajenados y perciben la realidad de esa manera. Tú apunta todo lo que puedas, lo vas a necesitar.

La segunda parte es leerte la ley. Y dirás que es algo innecesario pero nada más lejos de la realidad. La idea es proporcionar un marco legal a tu juicio. Que sí, que si por nosotros fuera acabaríamos dejando al alumno en el desierto encima de un nido de escorpiones, pero es que ese castigo no aparece recogido en la normativa.

Una vez redactado el informe, con agravantes y atenuantes, le comunicas tu decisión a jefatura. Ahora viene lo complicado, llamar a la familia. Ya sea telefónicamente, vía web o colgando un cartel en la puerta de su casa cual Lutero, hay que conseguir que los progenitores acudan al centro a firmar la resolución del expediente. Lo mejor es ser rápidos y concisos. Datos extra te llevarán a recibir una bronca que no necesitas. Un "buenos días, llamo del centro tal, soy fulanito, el instructor del expediente de su hijo, ¿Cuándo puede pasar a hablar conmigo?" te lo soluciona todo. Consigue una cita lo más pronto posible, aunque tengas que acudir fuera de tu horario laboral. Los progenitores no son tontos y van a tratar de alargar el proceso lo más posible, a ver si pueden ablandarte.

El día de la cita debes usar todos los trucos de la sección "reunión con los padres" pero sabiendo que la reunión es a cara de perro. Lo único que puede salvarte son los datos objetivos: tal día pasó esto, y según la normativa tal del año tal, párrafo tal (apréndete esta de memoria, queda de diez), le corresponden a su hijo tantos días de condena.

Nombrar la normativa te da una pátina de verosimilitud, que el castigo es ese porque toca, no porque le tengas tirria al niño (cosa imposible porque no le das clase). El contraataque va a ser brutal. Todo se resume en que las familias prefieren tener a su nene en el centro en vez de en casa, donde no para de dar por saco. Lo mismo que en clase, vaya, pero aquí parece que se va a sacar todos los títulos por su cara bonita.

Trata de conseguir la firma del expediente lo antes posible, por si la cosa se tuerce. Y recuerda que cuanto más se alargue la reunión, peor. Los padres entrarán en bucle y acabarás recibiendo un buen palizón. En cuanto puedas, le das la mano y los acompañas a la puerta. Recopilas todo el papeleo y lo entregas a jefatura. Misión cumplida.

8. TRABAJANDO CON EL ESPECTRO

No, no nos referimos a ese profe arrugado que te lo encuentras en un pasillo oscuro y das un respingo. Este capítulo trata de cómo tratar a los alumnos enmarcados dentro del espectro autista.

Un autista es autista para toda la vida. No se conocen las causas (a menos que seas un iluminado de esos que lo solucionan todo con una frase tipo "son las vacunas", "los *microchís*", "el agua del grifo" o "el tofu") y no hay cura posible, entre otras cosas, porque no es una enfermedad. De origen neurobiológico, afecta a la configuración del cerebro y el sistema nervioso, dando lugar a dificultades en dos áreas principalmente: la comunicación e interacción social y la flexibilidad del pensamiento y de la conducta. Puede o no ir acompañado de discapacidad intelectual, pero tampoco es raro que se asocie a un alto rendimiento intelectual.

Si ya resulta una definición vaga, más difícil resulta detectar a un alumno con TEA. No hay dos personas con autismo iguales, y queda en manos de las familias el descubrir el autismo. Aquí la velocidad es clave. Una persona a la que se le detecte en la infancia será tratada y mejorará antes que alguien a quien no se le diagnostique.

Como profe, tu labor es identificar si hay rasgos que cuadren con el espectro y avisar al departamento de orientación. Ellos ya se encargarán de contactar con las familias y dirigirlos a los estamentos adecuados. En ningún centro escolar se puede diagnosticar TEA, porque para eso están los profesionales. Lo cuento porque hay muchas familias que sospechan, pero no hacen nada, y esperan que se lo den todo mascado. Craso error: el camino para el diagnóstico es largo y hay que iniciarlo cuanto antes. También suele pasar que los profes se adelanten a los resultados oficiales y comiencen las adaptaciones por su cuenta, antes de saber a qué se están enfrentando, creando adaptaciones que no van a ningún sitio. Cuando era más joven, con más pelo pero menos experimentado, hice una sustitución larga donde un profe veterano me "obligó" a adaptar las clases a dos alumnas. Un tiempo más tarde, se descubrió que a esas personas no les pasaba nada, sino que eran familiares del susodicho y más vagas que un alumno con internet. Peor son los que buscan soluciones rápidas en internet y pasan unos test a los sospechosos, test que no tienen valor alguno si no los hace y evalúa un profesional. El objetivo no es sólo la detección, sino llevar a cabo las intervenciones adecuadas para esa persona en concreto.

Por si os pregunta alguna familia, vamos a detallar los pasos para la detección. Hay que entender que es algo nuevo y que nadie conoce de antemano así que disponer de información clara es fundamental:

- Primero reunión con pediatría. El profesional a cargo realizará alguna prueba, hay una amplia variedad y los profesionales elegirán la adecuada. Es muy grave el tema de las familias que llegan con las preguntas aprendidas, ya que contaminan los resultados y dan lugar a falsos positivos.

- Luego revisión por el departamento de salud mental de vuestra zona. Normalmente, se realiza en un hospital o centro de especialidades.

- De ahí vuelta a pediatría, que os derivarán ya al departamento de psicología donde volverán a hacer más tests (algunos duran una hora de observación). Al USMIA (Unidad de Salud Mental Infantil y Adolescente) y finalmente se emitirán unos dictámenes donde se determina el grado de autismo del paciente y todas las áreas afectadas.

Todas estas acciones suelen tardar más de un año en completarse, de ahí la importancia de ponerse en marcha cuanto antes, ya que, sin el dictamen correcto, no se puede actuar en el aula ni se pueden pedir apoyos extra a la Administración.

Ahora viene lo que os estáis preguntando, ¿Cómo trabajo con un alumno autista? Como ya sabéis no hay un alumno autista igual a otro. Si os hacen llegar los dictámenes podréis determinar en qué hay que trabajar y así individualizar el trabajo. Para empezar, este dictamen le llega al departamento de orientación, que sabrá qué hacer con él y cómo adaptarlo a las circunstancias del alumno en concreto. Lo habitual es que se le hagan una serie de pruebas de conocimientos de las distintas materias para ver por dónde va la cosa, y a partir de ahí se vayan tomando medidas, también llamadas "adaptaciones".

ADAPTACIONES

Adaptar significa cambiar para amoldarse a la realidad de los alumnos. Atrás quedaron las clases magistrales donde los profes soltaban su rollo y allá se apañen los que puedan. Es importante recalcar que adaptar no es igual a regalar. Los contenidos se van a adecuar al alumno pero con unos mínimos. Sin trabajo y sin esfuerzo, no se conseguirá avanzar.

Las adaptaciones son de varios tipos: de acceso físico, de acceso a la información y de contenido (de entrada, evaluación o tiempo). Las barreras de acceso físico se suprimen instalando ascensores, rampas y naturalizando el entorno. Las de acceso a la información pueden tener que ver con dificultades visuales o motoras que impliquen una nueva distribución del aula. Las de contenido son las más frecuentes. Puede ser que nuestros alumnos objetivo necesiten explicaciones más detalladas, individualizadas o un nuevo material. Se recomienda que el material sea el mismo que el del resto de alumnos pero modificado. Las preguntas de respuesta abiertas pasan a ser de elección múltiple, los enunciados son más breves y concisos y se reduce el número de tareas a realizar. Así, el alumno no es excluido por el resto de la clase y puede participar y aportar en base a su nivel. Esto le proporciona un refuerzo positivo. La adaptación de evaluación es consecuencia de la anterior. En test y exámenes, los alumnos son juzgados en base a lo que han aprendido. Los exámenes serán similares a lo que han visto en clase, partiendo de una reducción de lo que se le pide a los alumnos estándar. La adaptación de tiempo implica que hay que ir a la velocidad del alumno, sin atosigar pero sin dejarle que se acomode. Los exámenes se pueden partir en varias sesiones o puede acabarlos con la ayuda del PT, por ejemplo.

Las adaptaciones se revisan cada curso porque son individualizadas. Puede que desaparezcan o que se incorporen unas nuevas. Para eso es importante la coordinación del equipo docente.

PDC

Como docentes de secundaria que somos, la principal adaptación que encontraremos en nuestras aulas son los grupos "PDC" ("Programa de Diversificación Curricular"). Como ya explicamos en *"Manual para profesores (tremendamente) novatos"*, estos grupos son especiales y requieren de un permiso por parte de Inspección Educativa para ponerlos en marcha, ya que suponen una organización distinta a la ordinaria en lo referente a medios físicos y humanos. Y eso a la Consejería de Educación le cuesta una leña, así que evidentemente va a pedir que se justifique muy bien no sólo la creación de ese grupo, sino unos resultados que lo avalen. Avisados estáis.

¿Quién entra en estos grupos?

Estos grupos están diseñados para circunstancias especiales. No todos los centros cuentan con un grupo de éstos, e implican un desembolso de recursos económicos y humanos importante, por lo que habrá que seleccionar con mucho cuidado a quiénes metemos ahí dentro.

112

Comentábamos en el otro libro que el perfil de alumno PDC es aquel famoso epíteto de "quiere pero no puede", y que no hay que caer en la trampa de infiltrar -para que no nos desmonte un grupo ordinario- a alguien del perfil "puede pero no quiere". Los primeros se esfuerzan sin éxito, pero los segundos son vagos contagiosos, y nos pueden desmantelar todo un grupo especial, lo cual puede ser un auténtico desastre.

Estos grupos se componen de alrededor de 15 alumnos, después de hacer un cribado a lo largo del curso anterior, un seguimiento de su evolución, el consejo del departamento de orientación y del equipo docente, y tanto los padres como el alumno han de dar su visto bueno para que se le dé acceso. Los contenidos se reducen a su mínima expresión, lo que, unido al hecho de ser un grupo poco numeroso, y tener un grupo reducido de profesores, hace de estos grupos un auténtico caramelito para los alumnos. Y diría que para los profesores también, por su reducido tamaño, pero también implica reformular un poco la forma en que das clase, los contenidos que impartes, cómo lo evalúas y a qué ritmo.

Por extraño que parezca, hay gente que no quiere estar en estos grupos. Como anécdota contaré que hace un par de años tuve en mi tutoría a una alumna que era un clarísimo perfil de PDC: lo intentaba con toda su alma, pero su expresión escrita era más que lamentable, no sabía hilar dos frases juntas. Se le propuso para PDC, y tanto ella como la familia aceptaron. Sin embargo, como era una luchadora nata, cuando llegó la última evaluación, previa a ingresar al PDC, su esfuerzo fue recompensado por los "profepapis" con todas las asignaturas aprobadas (como también se evalúa el trabajo realizado, las notas salían distorsionadas). En ese momento mi alumna se planteó que no quería entrar en el PDC, sino en un 3ºESO ordinario. Y su planteamiento tenía lógica: si me acabas de aprobar todas las asignaturas, igual no lo hago tan mal.

Por más que le explicamos a los padres que esas notas correspondían a adaptaciones individualizadas de las distintas materias, y que en absoluto reflejaban lo que pasaría en un grupo ordinario, la niña se emperró en que quería un grupo ordinario. Por lo que la matriculamos en un ordinario, pero le reservamos la plaza en el PDC porque sabíamos lo que iba a pasar. ¿Lo adivinas tú, lector?

En efecto, después de un mes de clase en un 3ºESO ordinario, la situación se volvió insostenible para la alumna. Los contenidos caían sobre su cabeza más rápido de lo que ella conseguía gestionarlos, y el desánimo empezó a cundir. Momento en el que su tutor le propuso la honrosa salida de tomar posesión de su plaza en PDC. Y sí, lo hizo, y le fue divinamente.

Puede que alguien se haya leído la última Ley Educativa (la que sea, os lo aseguro), y tenga la siguiente duda: La Ley habla de integrar al alumno en su grupo, el famoso "Decreto de Inclusión", y habla de que no se pueden organizar los grupos segregando a los alumnos por su nivel de conocimientos. Visto esto, ¿sacar a los alumnos fuera del aula es positivo o negativo?

Pues mire usted… Depende. Mientras la LOMCE estuvo en vigor, por lo visto no había problema alguno en tener a esos 15 alumnos de PDC y otros 15 de PR4 en grupos aislados. Eran un pequeño ecosistema en el que las leyes de la termodinámica y la lógica funcionaban a su bola, un pequeño Parnaso en el que quedaba patente cómo podría mejorar la educación si, en vez de 30 alumnos por aula, tuviésemos la mitad.

Sin embargo, con la llegada de la LOMLOE a las aulas (curso 2022-23), por lo visto esa segregación se ha vuelto intolerable, y los alumnos de PDC han de permanecer con su grupo de referencia. El logro de la atención personalizada por tener un grupo reducido, mal. ¡Caca! ¿Cómo se resuelve eso, según la LOMLOE? Agárrate, que vienen curvas…

Ahora debes tener a alumnos de grupo ordinario y de diversificación juntos. Porque es más importante que hagan pandilla que el que reciban educación personalizada. ¿Y cómo vas a personalizar la educación a 33 alumnos, si estás tú solito? ¿Te partes en dos? ¿Divides el aula con un biombo y vas saltando de un lado al otro para explicar? ¿Desarrollas una doble personalidad y pones a cada una a impartir clase a una parte del grupo? Por lo visto la genial idea del Ministerio de Educación (cada comunidad autónoma lo gestionará como Dios le dé a entender) pasa por la **codocencia**: meter a dos profesores en la misma aula, y que cada uno se encargue o de una parte del temario, o de una parte del grupo. Parece absurdo, y seguramente lo es. Pero pensemos que, en la Comunidad Valenciana, durante un curso (2008-9), se impartía la asignatura "Educación para la ciudadanía" en inglés, usando a un profesor de esa lengua como intérprete simultáneo. El objetivo no era otro que el torpedear una asignatura impuesta por el Gobierno central que no era del agrado del gobierno regional, adversarios en aquella época. Y los alumnos, de rehenes. Más datos en el último capítulo.

Por desgracia, sucede más veces de las que nos gustaría reconocer, que los alumnos y los profesores acabamos haciendo de escudo humano en las disputas políticas en las que se enzarzan nuestros "jefes". A nadie parece importarle el desprestigio de la educación, o el flaco favor que le hacen a nuestros chicos, que se piensan que todo es un pitorreo y abandonan los estudios.

Pero hablemos ahora de los alumnos con TEA.

Los principales problemas que estos alumnos pueden mostrar son: problemas en comunicación lingüística y no verbal, problemas sociales, falta de comprensión de las normas "no escritas", rigidez mental, manierismos motores, hiper o hiporeactividad a los estímulos sensoriales y falta de rapidez en la adaptación al contexto.

Explicado en lenguaje más cotidiano, los alumnos con TEA suelen adolecer de problemas para comunicarse con su entorno (siempre, claro, con distintos grados), e incluso a sus padres les puede costar saber qué le pasa a su hijo, o por qué hace determinada cosa. No te desesperes si contigo pasa otro tanto. Suelen tener lo que se dice una mente muy cuadriculada, y cuando comprenden una norma y se deciden a aplicarla, son inflexibles al respecto y la aplican SIEMPRE. Si alguna vez habías oído la expresión "las manías no las curan los médicos", aquí tienes un buen ejemplo con lo de los manierismos motores: escalones que se evita pisar, rutas muy concretas para llegar a sitios específicos, forma concreta de coger un bolígrafo… Hay todo un surtido. El contacto físico puede ser problemático a causa de esa hiper-reactividad, ya que no les suele gustar que les toquen, lo que supone un reto en asignaturas como educación física o cualquier tarea que requiera de un trabajo en equipo.

Pero no te asustes por esto que te describimos. En realidad, salvo los casos de TEA profundo, que tendrán la mayoría de clases con un educador especial, este tipo de alumnos se desenvuelve bien en clase sin que sea precisa tu intervención más allá de lo necesario. De hecho, algunos perfiles muestran rasgos positivos que harán que sea toda una experiencia tenerlos en clase.

- Meticulosidad, una gran atención al detalle que puede explotarse en educación plástica y visual.
- Curiosidad por temas muy específicos y especializados de su interés, siendo los campos más fructíferos la tecnología, informática y biología.
- Sinceridad y honestidad. Yo los llamo "la caja negra", y son impagables cuando sucede algo en el aula que ellos han presenciado: te darán detalles de todo tipo, fiables y precisos. Sin embargo, puede que a los implicados en la fechoría no les haga tanta gracia esa memoria fotográfica.
- Respeto y cumplimiento de las reglas establecidas (siempre que les hagas comprender el porqué de esa regla).
- Buenas competencias en tareas mecánicas y repetitivas, y todo lo que implique rutinas, aunque tiendan a renquear en lo referente a creatividad e imaginación.

- Tendencia a ser muy lógicos.
- Capacidad para escuchar sin prejuicios.

Finalmente, toda esta variedad de casos se reduce a cuatro acrónimos:

TDA. Trastorno de Déficit de Atención. Antaño a estos alumnos se les ponía la etiqueta de "es que no se entera", "está en las nubes", o "tiene una vida interior muy rica". Viven felices en su pequeño mundo, aislados del resto y flotando en nubes de algodón de azúcar. Eso, humanísticamente, es fantástico y sanísimo. El problema está en que a clase se viene a aprender (o a "adquirir competencias", según la LOMCE), y lo de galopar a lomos de unicornios arcoíris no figura en la ley. Como es una etiqueta relativamente reciente, parece que hay cierta prisa por rellenar ese nicho de mercado con gente. Es cierto que los chavales, y en especial en según qué edades y circunstancias, están despistados: subidones hormonales, divorcio o separación de padres, mudanza a otras ciudades… Pero la solución suele ser sencilla, aunque difícil de aplicar sin colaboración familiar: las distracciones han de desaparecer. No podemos pretender que el alumno rinda si la noche anterior se acostó a las 3 de la mañana jugando a la consola, o con el móvil, o si únicamente tiene la mente en qué pedazo de partida se va a echar cuando salga de clase. Ciclos de 7 u 8 horas de sueño, mínimo; distracciones electrónicas supervisadas por los padres, y una programación de actividades al llegar a casa. Una estructuración mínima que ponga coto a esa mente que se escurre como un pulpo untado de vaselina.

TDAH. Trastorno de Déficit de Atención e Hiperactividad. Primo hermano del anterior, pero con un componente de incapacidad de controlar las habilidades motrices. En teoría, este síndrome no existe –dicho en 2014 por el neurólogo estadounidense Richard Saul-, al menos no con evidencias científicas palpables y demostrables. En la práctica, cogería yo a ese señor y le metería un par de horas en alguna aula que yo me sé, a ver qué le parecía.

Diría que es un conjunto de síntomas. En lo que estoy de acuerdo con ese señor es en que NO conviene medicar a los chavales que sufren este "conjunto de síntomas", porque puede ser un mayor problema a largo plazo. Se les suele prescribir tratamientos para "controlar a la bestia" y que cese esa inquietud. Pero por desgracia, durante bastante tiempo esos tratamientos han consistido en derivados de la metanfetamina que sí, puede que les apacigüe durante una temporada, pero progresivamente se vuelven resistentes y hay que aumentar la dosis, buscar nuevas sustancias… Obviamente, convertir a alguien inquieto en alguien inquieto con dependencia farmacológica no parece la solución más adecuada.

TEA. Trastorno del Espectro Autista. Por desgracia, lo de "espectro" tiene su porqué. Hay una variedad tan amplia, que van desde el autismo profundo hasta el más extrovertido, que es mejor dejarse asesorar por expertos. Antaño se nombraba al doctor nazi Asperger para categorizar a una parte de los autistas pero ya no se usa dicha denominación desde que se descubrió el horror de limpieza racial que escondía su creador. El equipo de psicopedagogos te orientará sobre qué hacer con esos alumnos y cómo hacerlo. Déjate asesorar, por el beneficio de esos alumnos principalmente, pero por el tuyo propio también, o te encontrarás estampándote contra un muro de frustración y acabarás pagándolo con el alumno. Y te puedo asegurar que él o ella no tiene la culpa de lo que le sucede. Ni tú tampoco. Lamentablemente, hay cosas que escapan a tu formación, y ésta es una de ellas.

TND. Trastorno Negativista Desafiante. Si tuviese que poner en fila a todos los que, ante este "trastorno", me han dicho que eso se solucionaba con un buen guantazo a tiempo, os aseguro que como poco, la fila salía de la provincia. La educación ha cambiado sustancialmente (a peor, por si alguien lo dudaba) desde que los padres han desistido de educar a sus hijos en el respeto y el esfuerzo. "No regañes al niño, que se traumatiza", o "con violencia no se educa", suele decir el entrometido de turno. Cierto es que una bofetada no tiene una programación con objetivos, contenidos, procedimientos y actitudes, pero cuando tu chaval aparece tan pancho por casa, después de 3 días fugado de casa, ve tú y le imprimes una copia de esa programación educativa que tanto predicas. Dicho por psicólogos y psicopedagogos competentes, el castigo sólo se debería aplicar en caso de que el chaval ponga en peligro su integridad física o la de otra persona.

El caso de los TND (vuelve a mirar arriba, anda…) es normalmente fruto de lo explicado arriba. El chaval (o chavala, que también las hay), ha hecho siempre en casa lo que le ha venido en gana porque sus padres no le han puesto límites jamás. Deambula por la vida pensando que todo el monte es orégano, y si te atreves a contrariarle amenaza con convertir tu vida en un pequeño (o gran) infierno. En otras palabras, y por ahorrarte un rato de lectura: si sus padres, que son sus padres, de los que depende económica y afectivamente, no han conseguido hacerse con las riendas, ¿qué te hace pensar que a ti, que eres un extraño, te va a hacer caso? En alguna ocasión sí que ha sucedido, pero no con este perfil de alumno. La cosa va mucho más allá de la típica rabieta de niño pequeño, y muestra un cuadro de bajo autocontrol de los sentimientos, pasotismo generalizado, y la sensación de que te hace la puñeta a propósito, como vengándose, si no le das lo que pide. Carne de "Hermano mayor"

9. HUELGAS Y JUSTIFICANTES MÉDICOS

Huelgas y justificantes médicos

En ambos casos, lo que van a buscar tus alumnos con huelgas y justificantes médicos es lo mismo: ausentarse de clase.

A estas alturas, ya te habrás dado cuenta de que tus alumnos (y sus padres, no digamos) son unos manipuladores de tomo y lomo, capaces de sacar siempre a la palestra la parte de realidad que más les conviene, mientras ocultan discretamente esa otra parte que les pone en evidencia. Y aquí viene el Máster en el tema, siéntate cómodamente.

¿Qué son las huelgas, y por qué atraen tanto a los alumnos?

Si nos preguntasen a los adultos qué es una huelga y para qué sirve, seguramente nos remontaríamos al siglo XIX y hablaríamos de aquellos obreros que trabajaban en condiciones deplorables, por un sueldo de miseria y que, a modo de protesta, cesaban su actividad laboral para echarle un "pulsito" al patrón. En realidad, las huelgas como tal (sin estar vinculadas necesariamente a ningún tipo de lucha sindical, ni de conciencia de clase), ya existían en la época de los egipcios entre los trabajadores que construían las pirámides, y que protestaban por las condiciones laborales o su escasa remuneración. Como veis, es un problema que viene de largo.

¿Cuál es el problema con las huelgas entonces? En primer lugar, que su efectividad viene determinada por factores que poco o nada tienen que ver con las ganas que tengas de ponerte de huelga, y mucho con el tipo de sector al que pertenezcas. Y en segundo lugar, que el derecho a huelga costó mucho, pero mucho de conseguir en este país como para que ahora se trivialice.

Cuando los alumnos entran en la ESO se sienten mayores, y una de las cosas que han oído que hacen los mayores es ponerse en huelga. Para ellos, un día de huelga es la carta del Joker, un cheque en blanco que les permite quedarse en casa durmiendo hasta tarde, quedándose sin pulgares jugando a la Play, y forrándose a comer chucherías. Es por eso que los tutores de 1ºESO deberían dedicar una o dos sesiones a explicarles a sus alumnos unas cuantas cosillas:

- Una huelga de estudiantes no la convoca el grupo de 3ºB. La ha de convocar el Sindicato de Estudiantes, que es el interlocutor "válido" y el único que tiene la capacidad de hacerlo.

- A efectos legales, seguimos estando en los años 80 y sólo se pueden declarar en huelga (una vez haya sido convocada) los mayores de 14 años, por lo que quedan descartados los grupos de 1º y 2º de la ESO.

- Para declararse en huelga, se les ha de suministrar a los alumnos un justificante que han de firmar los padres, dándose por notificados de que existe tal huelga y, como tutores del alumno, dar su permiso para que su hijo o hija no asista ese día a clase.

Lo que es importante que cale en la mente de nuestros alumnos es lo siguiente: declararse en huelga un día no es una forma de hacer puente entre un festivo y un fin de semana, y tiene consecuencias. Si trabajas en una empresa y secundas una huelga, te expones a que tu jefe te "fiche" y, a la primera de cambio, acabes con tus huesos en la oficina del SEPE. Si eres docente y te sumas a una huelga, van a "volar" de tu nómina una media de 100€ brutos por día de huelga. Nada es gratis. Ni siquiera ejercer tus derechos.

Tus alumnos pueden pensar que bueno, que ellos no se juegan nada económico, ni les van a expulsar del instituto ("ojalá", pensará más de uno), y que pueden hacer lo que les plazca con total impunidad. Craso error. Pínchales esa cómoda burbujita haciéndoles ver que, del mismo modo que ellos tienen derecho a hacer huelga, tú tienes derecho a dar clase y, si el seguimiento de dicha huelga no es del 100%, va a ser un día lectivo normal y corriente. Y quién sabe… igual precisamente ese día te da por explicar algo verdaderamente importante que saldrá en el examen, o resolverás dudas, o harás algo más lúdico… No puedes adelantar temario un día de huelga, pero nadie ha dicho que no puedas reforzar y premiar de alguna forma a los que asistan ese día.

Las huelgas en 1º y 2º de la ESO son inexistentes. Siempre habrá algún padre o madre comprometido con la causa, sobre todo cuando es por motivos sociales como la violencia de género, protestas por conflictos internacionales y cosas así. Si eres tutor, tus chiquillos te taladrarán los tímpanos diciendo que "es injusto" que no les dejen hacer huelga, porque es un derecho (no pierdas de vista al que te diga que es un derecho, porque tiene madera de político y algún día lo verás sentado en un escaño jugando al Candy Crush). Es ahí donde te tocará sacar al sindicalista que llevas dentro, y explicarles qué es la lucha obrera, y por qué una huelga de controladores aéreos y una huelga de estudiantes, siendo huelgas ambas, no tienen el mismo índice de éxito.

Sin embargo, las huelgas en 3º de la ESO y siguientes cursos ya te las vas a tener que comer dobladas. Tendrás que explicarles que ponerse en huelga es un derecho, no una obligación. Que declararse en huelga para quedarse en casa jugando a la Play no sólo no vale para nada, sino que desvirtúa y devalúa el esfuerzo que costó conseguir ese derecho. Como opción, y ya que se van a acoger a ese derecho para tener un día de asueto, digas lo que digas, sé astuto y ofréceles un trato: Súbeles un poco la nota (un par de décimas) al que te pueda demostrar que ha asistido a la manifestación, o te presente un trabajo por escrito explicando los motivos por los que se ha acogido a ese derecho. Dale la vuelta a la tortilla y coge la sartén por el mango.

Durante un día de huelga te van a asistir pocos alumnos, que se reparten en estos grupos: extranjeros que no comprenden por qué no hay clase, alumnos que desearían haberse quedado en casa pero que no han reunido valor para enfrentarse a sus padres, y los alumnos macarras que han quedado para hacer sus trapicheos, tomar el bocadillo en el centro y quieren marcharse en el recreo.

Lo pesado de dar clase en un día de huelga es que ni puedes avanzar materia, ni los alumnos quieren hacer nada de provecho. Ya puedes descartar tus bien planeadas actividades porque te las van a desmontar en seguida. Lo máximo a lo que puedes aspirar es crear una hora dedicada a la gamificación y así mantener el interés de tus alumnos.

Justificantes médicos: el pase pernocta

El cuerpo humano es una máquina. Una máquina imperfecta, admitámoslo. Y como tal, cada cierto tiempo tiene la mala costumbre de estropearse o necesitar que la revisemos. Es por eso que acudimos al médico, no por el inmenso placer que nos supone echar la mañana haciendo cola frente a la consulta.

Si tú vas al médico, tus alumnos evidentemente también. Cuando tú, como docente, te pones malo (fiebre, gripe y cosas "menores"), has de justificar tu ausencia a tu puesto de trabajo mediante un justificante médico. Y evidentemente, tus alumnos también.

La diferencia estriba en que, como norma general, tú asistirás a tu puesto de trabajo con bastante más asiduidad, y justificarás tus ausencias por la cuenta que te trae. Sin embargo, tus alumnos pueden empezar a faltar a clase por motivos bastante variopintos. A los problemas de salud, inherentes al ser humano, pueden empezar a aparecer casos de absentismo, conocido o no por los padres, y a eso hay que ponerle coto rápidamente.

Como norma general, cuando un alumno falta a un número de clases por motivos de salud, suele bastar con que los padres lo comuniquen de alguna forma: por teléfono al centro, por correo electrónico o la plataforma que tenga la Consejería, mediante otros compañeros, o la clásica nota en la agenda, de más a menos ágil. Muchos, muchísimos padres descuidan este aspecto, así que hay que recordarles que la asistencia a clase es obligatoria, y en algunos casos incluso supone parte de la nota de nuestra materia, por lo que les conviene tenerlo todo atado y bien atado.

Si tuviésemos que hacer algún tipo de estadística en la franja de edad de secundaria, durante el primer año de la ESO los principales problemas de salud que van a aquejar a nuestros alumnos son los resfriados (en cuanto entra el otoño, caen como moscas), las gastroenteritis - también llamadas "el virus del estómago"-, las visitas a dentistas y, en el caso de las chicas, las menstruaciones dolorosas o inesperadas. Todos estos problemas son lo que llamaríamos "objetivos", puesto que es difícil fingir un episodio de estornudos y mocos colganderos, poder vomitar copiosamente y a voluntad, y no digamos ya generarse hemorragias y calambres en el aparato reproductor. Cuando un alumno o alumna justifique que no ha venido a clase por uno de estos motivos, le daremos (inicialmente) cierta credibilidad. Sin embargo, hay que tener cuidado, comunicarse con los padres para que verifiquen que dice la verdad y, a ser posible, pedir algún tipo de justificante médico. Puede ser que no hayan ido al médico porque "no era tan grave como para eso". Vigilad ahí: esa sutil frontera de *demasiado grave para ir a clase, pero no tanto como para ir al médico* es un terreno fangoso en el que nuestros alumnos saben jugar de maravilla, y al que nos intentarán arrastrar. La excusa número 2 es traerlo justificado en la agenda por los padres (o el propio alumno, falsificando la firma) diciendo que "es que el médico dice que no hace justificantes". Que quede claro: el médico puede que no te haga el justificante, pero en admisión de pacientes te lo hacen sin problema. Si es que has ido allí, claro…

No será el primer caso ni el último, ya lo veréis. El alumno no ha venido a clase, le pones falta y la madre te justifica que su hijo se ha tirado toda la noche vomitando y con fiebre, malísimo de la muerte, y que por eso no ha ido al centro. Y cuando tú sales de dicho centro, a las 2 del mediodía, te lo encuentras por allí, paseando tan pancho con su patín eléctrico (me ha pasado). ¿Padres encubridores? A montones. Ya lo irás viendo.

¿Qué pasa con los problemas de salud "subjetivos"? Pues como su nombre indica, que no hay forma de verificar si tal cosa existe de verdad o sólo es una excusa pirulera para no ir a clase: dolores de cabeza, mareos, dolores de muelas, dolores de estómago, esguinces de párpado... no hay forma humana de demostrar si es verdad o no. Los padres te lo justificarán, y tú tendrás que hacerte el tonto y justificar la falta.

Lo que debéis tener muy claro es que, antes de que llegue la primera evaluación y, por tanto, la primera tanda de exámenes, vuestros alumnos habrán probado con vosotros la práctica totalidad de su batería de "enfermedades ficticias", y habrán visto si te lo tomas en serio o no. Por eso os recomiendo la madre de todas las bombas: **"el día del examen, si no hay justificante OFICIAL, no se repite el examen"**

¿Qué significa esto? Pues que los chavales tienen una cara durísima, poca costumbre de estudiar (estoy generalizando, y a lo mejor no debería), y van a intentar torpedearte ese examen que les has puesto apareciendo un día después, porque así sus amigos les habrán chivado las preguntas del examen y se lo podrán preparar un poco más. Regla de oro: un modelo de examen con preguntas totalmente distintas. Y por supuesto, justificante oficial: médico u hospital, comisaría de policía o juzgado. La explicación es que un examen es una prueba oficial, y sólo se puede faltar a esa prueba oficial por un motivo real como ir al médico, a renovarse el DNI o el pasaporte, o declarar ante un juzgado. Avisa de esto lo antes posible y, en el colmo del cinismo, pregúntale a tus alumnos el día antes del examen si se encuentran bien de salud y tienen todos sus temas legales al día. Seguramente te dirán que todo está bien. Acto seguido, suelta la frase: "Entonces mañana todo el mundo aquí para el examen, o con un justificante oficial". Fíjate en quién te pone la peor cara, porque ése será el que tenía previsto hacerte la jugada. Apúntatelo.

El tema de justificar las ausencias siempre es una lata, pero si encima eres tutor, te puedes tirar ya por un barranco. Algunos padres te avisarán con tiempo de que su hijo o hija tiene cita con el dentista el próximo martes a las 9 de la mañana (¿qué pasa, ningún dentista trabaja por las tardes o qué?), y otros le darán el justificante al niño para que lo pasee durante dos semanas sin enseñárselo a los profesores que le han de justificar la falta. El absentismo, cuando supera el 50% de las sesiones, dispara las alarmas en la Consejería, que rápidamente (con un poco de suerte) mete a Servicios Sociales a investigar lo que pasa. Ni los padres ni tú queréis eso, porque implica más y más papeleo, entrevistas, informes y la verdad, es un peñazo.

Y ya como curiosidad, las excusas más ridículas y las mayores "pilladas" que hemos pegado, tanto a alumnos escaqueados como a padres que lo justifican todo.

- 13:10 del mediodía. Un grupo de alumnos de 3º abandona el centro porque el profesor de última hora no ha venido. Todos tienen un permiso por escrito de la Jefatura de estudios para salir. Sin embargo, en la clase que tengo a las 13:10 me faltan dos alumnos de 1ºESO que, tres horas antes, han tenido clase conmigo. Padres y tutores avisados de la "pelada". Al día siguiente, viene la justificación: "Hemos visto que salían todos y nos hemos equivocado de hora". Al parecer, su móvil sigue la franja horaria de Turquía.
- Franja horaria de 2 a 3 del mediodía. Un horario infernal. Veo cómo una de mis alumnas se va del centro ante mis narices. Paso lista, y le pongo falta en la plataforma digital.

10 minutos después, la madre justifica la falta porque "su hija no ha venido a clase por no encontrarse bien". Al acabar las clases a las 3, la alumna está frente al instituto con sus amigos.

- Pasadas las navidades, última hora del día y de la semana. Paso lista y falta un alumno. Aviso de la falta en la plataforma. El lunes me encuentro un mensaje por parte de los padres: "Es imposible que faltara porque a esa hora no tiene tu asignatura". Adjunté el horario del grupo por si no le había dado tiempo a leerlo.

- Confinamiento COVID durante el curso 2019-20. Alumnos dando clases por internet, que ya sabemos que es un lío. Comienza el siguiente curso y una alumna no aparece durante el primer trimestre. La madre lo justifica, durante todo el año, con "tenía ansiedad", "tenía miedo al coronavirus", y cosas por el estilo. Sin embargo, el último trimestre sólo hay una justificación en abril: "le atropelló una moto y le rompió la cadera".

10. TIPOS DE PROFES

Alguno argumentará que hay tantos tipos de profesores como gotas en el mar y que es injusto hacer una sección como esta. La realidad es que nos vamos encallando en estereotipos y es fácil clasificarnos. Te vas a reír identificando a tus compañeros en esta lista, pero no lo olvides: uno de estos profes, eres tú.

El amigo de los niños (tipo barrio sésamo). Buenrollista, orgulloso *scout*, le apasiona ver los progresos de sus pupilos y mediar en conflictos con el fin de que la sociedad avance. Sus métodos son más Montessori que la propia Montessori. Sueña con que le toque trabajar en una barriada desfavorecida y que uno de sus alumnos acabe en la universidad, subiéndose al pupitre y declamando aquello de "*Oh, captain, my captain*". Y eso que siempre dice que "la universidad de la vida es más importante que la de cemento".

A la hora de la verdad aprueba hasta el que no vino a clase. Los alumnos lo saben y son capaces hasta de liarse los canutos en el aula y que él les sujete el papel. Por eso, nunca hablarán mal de él, y su asignatura saldrá la mejor valorada. Es una máquina de regalar dieces. ¿Religión? ¿Quién ha dicho que tenga que ser el profesor de religión? (murmurando) **ES** el profesor de religión.

Se sabe más las vidas de sus alumnos que la de su tía del pueblo. Siempre media a favor de sus pupilos y, como Jesucristo, basta nombrarlo para que a sus seguidores se les perdonen los pecados. Tenerlo de tutor es garantía de pasar de curso.

El amigo de los niños (en el peor sentido). Cuarentón o más mayor, no acepta que sus días de gloria han pasado. Trata de consolar a los alumnos pasándoles la mano por encima, anima con chistes zafios sacados de los descartes de Arévalo y sueña con tener su Lolita particular. Su trabajo son los grandes números: cuantos más alumnos tenga por curso, más probabilidades de que alguien pique en su falso perfil paternalista.

Babea más que un caracol derrapando y se cuida a su manera, aunque parece ser que en su casa no hay espejos o alguien que le diga que, para los alumnos, no existe la mediana edad: todo aquel que pase de los 30 ya es viejo.

Se cree "canallita" y le va la fiesta, los conciertos y el merengue. Viste bien, habitualmente "informal californiano", sin repetir modelo de un curso a otro y siempre tiene otra ocupación paralela a la enseñanza. Da clases de deportes raros, toca el banjo o comercia con criptomonedas. Hay veces que parece que le molesta dar clase.

El neandertal. Cuentan que cuando se inauguró el centro, él ya estaba dentro. Añora los tiempos del Windows XP, el CD y el proyector de transparencias. Todo era más fácil antes, lejos de las pantallas y cerca del papel.

Fan de la 2, en su casa ve documentales y docuseries. Militante de foros de películas sesudas, te hace una disertación de cualquier clásico del cine negro. Ya no va al cine por la tarde, porque está lleno de niñatos.

No le interesa hablar con los que tengan menos de cincuenta años. A los interinos ni los mira a los ojos, ¿para qué aprenderse sus nombres? Lleva ropa de señor mayor desde hace veinte años y nunca renueva su fondo de armario: sustituye una pieza por otra igual.

Las clases las da como toca, sentado en su sillón y mandando ristras de ejercicios más largos que los mensajes de texto de un ex que quiere volver con su pareja. Su pasión son los exámenes, y lo de las competencias lo deja "para los nuevos". En las desideratas acapara los grupos menos conflictivos porque "él ya ha trabajado lo suyo". Se jubilará y en su departamento habrá que llamar a un tráiler para llevarse todo el material que ha acumulado. Aunque también se podría usar la carretilla que usaba para transportar sus voluminosas gónadas.

El *techie*. Gasta su sueldo en móviles y gadgets que te muestra con más pasión que los comerciales de "la manzanita mordida". Siempre tiene lo último, da igual de qué estéis hablando. Su cafetera está conectada a internet con cuenta en Instagram. Quiere que te pases a su bando como sea para quedar como gurú de la tecnología. Como saques un móvil de hace cinco años, le da un infarto. Su móvil, por cierto, está plagado de apps educativas, para hacer memes, *stickers*, y cualquier chorrada que se haya puesto de moda en los últimos 15 días. Su pasión por descargarse aplicaciones le lleva a ser una víctima fácil de los desaprensivos que cuelan programas troyanos, y sus datos acaban en algún remoto servidor de una ex-república soviética por un módico precio.

Curiosamente, es capaz de tener una app que le calcula las medias, empareja a los alumnos y hace unos gráficos de quesito geniales, pero no pasa las faltas, ni contesta los mensajes de los padres. Será incompatibilidad de drivers. O que ese firmware no ha recibido el beneplácito de San Steve Jobs. O que tanta tecnología le ha acabado aislando de la gente y convirtiéndolo en un bicho raro.

El agonías. Vive agobiado. Sus grupos son lo peor, su pareja es lo peor... ya puede comprarse un Mercedes, que le saldrá malo. Fanático de la conspiración, la directiva se reúne para conspirar contra él, burlarse y amargarle la vida más allá de las 100 unidades IBU. Te puede calentar la oreja durante más de una hora sobre los problemas que le acucian, pero no lo verás sacar un bolígrafo y ponerse a corregir, y mucho menos ponerse a solucionar dichos problemas. Los alumnos tienen siete motes para él y ninguno es positivo. Vestido con ropa de tonos oscuros, del montón de últimas ofertas, su aspecto físico le trae sin cuidado. Su digievolución le lleva, sin remedio, a convertirse en el profe "enfermo crónico", oponiendo la misma resistencia que un zurullo arrastrado por la corriente de un río.

El jeta. Tiene cara de cemento Portland. Enfermo crónico, aparece y desaparece sin avisar. No se puede confiar en él para ningún proyecto de centro porque va a acabar comiéndoselo un interino. La directiva lo sabe y ya ni se molesta. Puede llegar tarde a las clases estando en un aula contigua y siempre tendrá excusa: que si se ha alargado un examen, que si ha tenido una llamada, que si su vejiga explotaba… lo mejor es no hacerle caso y dejar su clase sin cubrir. Que armen escándalo, a ver si alguien "de arriba" se molesta y lo soluciona. Una cosa no quita la otra, y puede que sea una persona majísima, con temas de conversación interesantes pero, por favor, que se vaya a otro empleo a contarlos.

Para ilustrar este tipo de docente, mencionaré a cierto profesor de música. Tenía un grupo de jazz (o de blues, no recuerdo), y los jueves siempre tenía concierto que acababa a las tantísimas de la madrugada, lo que provocaba que al día siguiente, lo más pronto que apareciese por clase (suponiendo que apareciese) fuese a las 12 de la mañana, y con evidentes síntomas de haber estado de animada tertulia con Jack Daniels. Lo menciono porque me tocaba siempre a mí entrar a cubrir una de sus clases, y lo estuve haciendo desde septiembre hasta marzo o abril, cuando fui a quejarme a la directiva.

Digámoslo claro: un jeta no llega a crecer si la directiva tiene lo que ha de tener. El vicedirector fingió (fatal) sorprenderse por las ausencias del de música, y me pidió que en las hojas de guardias le marcase en fosforescente las sesiones a las que había faltado. Obviando que eso es tarea del jefe de estudios, mi indignación era tal que lo hice y el librito en cuestión quedó como

Las Vegas de noche. Total, para nada, porque el vicedirector me reconoció que el profesor llevaba AÑOS haciendo eso, y nadie se lo había afeado nunca.

Detrás de un jeta, hay una directiva que se lo permite. Grábatelo.

El monotema. Sólo tiene un único tema de conversación: fútbol, música, videojuegos, pesca, petanca... Si quieres hacerte amigo suyo hay que hablar de lo que le interesa. De lo contrario, permanecerá silencioso en una esquina de la sala de profesores con unos auriculares puestos. Es de esos que hojean el periódico para que no le molesten. Más solo que un vegano en una barbacoa familiar. Es complicado entablar conversación con él precisamente por lo limitado de su repertorio, a menos que tú también seas un perro verde con el mismo tema que él. Si su monotema coincide con la materia que imparte, los alumnos pueden llegar a adorarle por sus vastísimos conocimientos en la materia. Pero si su afición no es ni remotamente tangencial a su asignatura, la cosa pinta fea para los chicos, que enseguida notarán ese desafecto y se contagiarán. Sería el caso de un profesor de geografía al que sólo le interese el mundo de la jardinería o el coleccionismo de gatos, o el de un profesor de inglés verdaderamente obsesionado por las maquetas de castillos medievales. Uno de estos dos casos es real. Averiguad cuál.

Il divo. Tiene algo que encandila. La directiva lo tiene como si fuera un dios. Puede que sea su experiencia, que controla las claves informáticas del centro o que en su tiempo libre es una celebridad. La cuestión es que no hay quien le tosa. Puede ser altivo o no, pero lo conoce todo el mundo. Si nombras tu centro a un desconocido, te preguntará si sigue dando clase Il Divo. Por lo general, esa fama no le viene de nada bueno, aunque eso no es obstáculo para que se crea muy por encima de sus compañeros, y con derecho a tomarse ciertas licencias que harán que los demás le tengan - ¿por qué no decirlo? - una generosa dosis de asco.

Es el caso de una compañera de biología a la que sus alumnos hormonalmente adolescentes adoraban porque estaba de muy buen ver. Babeo compartido con parte de la plantilla masculina del centro. A lo largo del curso en que compartí hora de guardia con ella, no es que no entrase en ningún grupo a sustituir a algún profesor ausente... es que cogía el coche y se largaba a su casa para sacar a pasear a los dos perritos que tenía; o el misterioso caso del profesor de plástica que durante los 6 años que trabajé con él, jamás se comió una guardia porque "tenía que ir a fotocopiar unas cosas"; y no hablemos ya de una veterana compañera que no llegaba a impartir ni la mitad del temario, se negaba a hacer guardias, y en varios claustros soltó algún exabrupto ofensivo para otros compañeros, hizo un corte de mangas y se fue tan pancha, ante las risas de los más veteranos. "Es que fulanita es así", la excusaban.

Cuidado con los divos y divas. Cómo han llegado a ese nivel de impunidad es un auténtico misterio, y no lo de las líneas de Nazca. Ándate con ojo si detectas a alguno en tu lugar de trabajo, porque no sólo te cargarán a ti sus tareas en cuanto te descuides, sino que harán lo propio cuando metan la pata en algo y la mierda llegue al ventilador del techo. Avisado estás.

El sonriente. Comprador compulsivo de "Don Chupiguay". Trata a la gente con educación y a los alumnos con tanta humanidad que yo siempre pienso que algún día saldrá en las noticias, por haber degollado a una ristra de ancianos, y los vecinos que entrevisten dirán aquello de "es raro, porque siempre saludaba cuando te lo cruzabas". Esperas que Iker Jiménez haga un reportaje sobre aliens y que aparezca en pantalla. Te llama por tu nombre desde que os presentasteis, recuerda de lo que hablabais hace un mes y siempre te descoloca para bien. A la pregunta "¿Tienes un momento?" siempre responde afirmativamente.

Participa en la actividad extraescolar del centro. Tiene una taza para el café que dice "Soy profesor, ¿cuál es tu superpoder?".

Realmente es un poco triste que nos sintamos escamados cuando alguien es amable y educado en este gremio. Tal vez sea por lo exótico que resulta encontrar a gente buena de verdad, o porque estemos acostumbrados a que eso sea el cebo que nos ponen delante otros tipos menos amables de compañeros, previo a jugarnos una mala pasada. Las escasas veces que me he cruzado con alguien así, he de decir que siempre he pensado mal al principio (por ahorrarme luego la decepción, si era un chungo), y han resultado ser personas inteligentes y polifacéticas, además de agradables.

El "te ayudo pero no te ayudo". Un genio del engaño. Tu valoración sobre él irá cambiando a medida que le pilles el truco. Comenzará haciéndose el amable y enseñándote el centro cual Guillermo de Baskerville en "El nombre de la rosa", pero siempre te dará largas en cuanto haya que encargarse de algo concreto. Te enrolará en un proyecto que acabarás haciendo tú y él sólo acudirá para firmar. Lo más hipócrita es que en vez de desentenderse de ti, te irá recordando cada poco que tenéis algo pendiente.

También es sangrante su sistema de manejar las guardias. Desaparecerá durante los primeros minutos (esenciales para la organización) y aparecerá en la puerta del aula que has estado cuidando cuando queden 10 minutos para que se termine. Siempre preguntará si te hace el cambio y tú, con sorna, le dirás que no hace falta. Se marchará tan contento y así una y otra vez. No descartes que, a su vez, el "te ayudo pero no te ayudo" sea también un "divo", cuidado.

Mucho más que sangrante es cuando el "te ayudo pero no te ayudo" resulta que tiene cierto poder sobre ti. Directores, jefes de departamento, tutores de prácticas... por algún extraño motivo, esos cargos atraen a este tipo de profesor.

Sería el caso de cierto director de extraña trayectoria profesional, a la postre el orientador del centro, especialista en innovación educativa y proyectos pintureros. Como también era aspirante a político, a sindicalista, y supongo que a presidente de la comunidad de vecinos, era una auténtica metralleta Gatling proponiendo proyectos, a cuál más ilusionante. El prestigio del centro se jugaba ahí, y el suyo particular también, por lo que su objetivo principal eran los profesores jóvenes e inexpertos, fáciles de deslumbrar y llenos aún de ilusiones chispeantes. A los más veteranos, ni se nos arrimaba. Lo conocíamos de sobra, y en sus proyectos nos mojábamos menos que un gato viejo. Por si lo dudaba alguien, después de enrolar a unos cuantos en el proyecto, resulta que no había medios materiales, ni tiempo para coordinarse, ni director que asomase la nariz por allí más que para firmar, apuntarse el tanto y ponerse la medallita.

También el caso de una jefa de departamento, más ocupada por gestionar su patrimonio que su departamento. La única, además, que tenía acceso al ordenador portátil en el que se redactaban y guardaban las extensísimas actas de las reuniones. En cierta ocasión, siendo el más joven del departamento (ya hace de esto, sí), me tocó ser el secretario y levantar acta de una de esas reuniones: la cosa no bajaba de 80 folios, así que os podéis imaginar la trascendencia de lo que allí se contenía. Un mes después, me apareció la jefa preguntando dónde había guardado el acta, porque le hacía falta. No se aclaraba demasiado con la informática, intentó utilizar el portátil para proyectar unas cosas en clase, y acabó borrando no sólo mi acta, sino todas las anteriores (de varios cursos). Me intentó culpar a mí, pero después de hacerle ver que la única que usaba ese ordenador era ella y, por tanto, la única responsable de lo sucedido conseguí rescatar de la "papelera de reciclaje" todos los archivos. Ojito con los jefecillos improductivos.

11. VIGILAR EXÁMENES

CHULETAS A MANSALVA. CUÁLES Y CÓMO IN-TERCEPTARLAS.

Éste es un tema apetitosillo. Para dos grupos distintos y, en cierto modo, antagonistas: los profesores y los alumnos. Los chavales estarán interesados porque todo aquello que les pueda ahorrar el tener que memorizar datos, procedimientos, o cualquier tipo de esfuerzo mental, es considerado como algo deseable. Y los profesores, porque conociendo los métodos que utilizan sus alumnos para escabullirse como comadrejas de sus obligaciones, pueden evitar que puenteen el proceso educativo.

En realidad, no nos engañemos, a los profesores no nos importaría tanto que los alumnos hiciesen trampa en los exámenes si no fuese porque eso conlleva un mal comportamiento previo bastante molesto, y lo interpretamos como un desafío a nuestra autoridad. "Mira éste, qué tranquilo está de charreta mientras yo explico, verás el tortazo que se pega en el examen" –piensas para tus adentros. Y en realidad, siguiendo tu secuencia lógica, así sería. Si no fuese porque gran parte de su tranquilidad radica en que ya tiene previsto un elaborado plan de acción, y estudiar no figura en él.

Ahora, en un ejercicio de sinceridad, que levante la mano el que **NUNCA** haya hecho trampas en un examen o ejercicio escrito. Salvo algún organismo procedente de otro planeta, y algún que otro mentiroso patológico (o que piensa que nos la va a colar), no debería haber ninguna mano levantada.

¿Por qué copiamos? ¿Por qué nos hacemos chuletas? (Nótese que me meto en ese grupo). Pues, principalmente, por desidia. Hay materias que nos resultan antipáticas, poco útiles y absurdas a pesar de los esfuerzos (o no) del docente de turno. Puede que esos conocimientos no te vayan a valer absolutamente para nada en tu vida (yo, por ejemplo, todavía estoy esperando a encontrarme una circunferencia goniométrica por la calle para decir "mira, ahí voy a representar un coseno"). Y, sin embargo, tienes que aprobar. ¿Y te vas a esforzar en memorizar algo que no te gusta o no te va a valer para nada? Rotundamente NO. Es ahí donde surgen las chuletas.

Entendamos por "chuleta" cualquier tipo de anotación, en cualquier tipo de soporte físico –o, recientemente, digital- que nos permita consultar de forma clandestina una información que deberíamos tener almacenada en la cabeza. Por su carácter clandestino, obviamente, no puede ser perceptible por el elemento represor (el profesor), puesto que su uso está proscrito y conlleva en caso de ser detectado una sanción.

Sin embargo, si eres el profesor, te tengo que avisar: si nada más entrar en el aula donde va a tener lugar el examen todos tus alumnos están expectantes y colocados estratégicamente por los laterales y fondo del aula, ahí hay tomate. Lo vas a notar enseguida porque no te pierden de vista y te siguen con la mirada como deberían hacer cuando explicas. Aprovecha y date un pequeño gustazo sádico: cámbialos a todos de sitio, alternando filas entre sí y trayéndote al frente a los que estaban al fondo.

Veamos entonces una serie de ejemplos. Algunos están basados en mi experiencia como alumno, otros en mi experiencia como profesor. No diré cuál es cuál, para mayor diversión.

1. Anotaciones "anatómicas"

Llamaremos así a las más clásicas: apuntarse fechas, nombres o datos concretos aceleradamente en las manos o antebrazos, momentos antes del examen. Habitualmente, y por lo limitado del espacio (y lo visible que es), estas chuletas han de ser escuetas.

Ventaja: fácil y rápida de hacer, no requiere materiales especiales salvo un bolígrafo o rotulador y el cuerpo serrano del copión.

Inconveniente: Si has tenido que recurrir a esto es que eres bastante atolondrado, por lo que es muy probable que, con los nervios, el sudor de las manos te emborrone gran parte de lo escrito, o que cometas el estúpido error de llamar al profesor levantando el brazo o mano en que llevas escrito todo. Como profesor, lo he vivido en un par de ocasiones y da entre risa y pena.

Inconveniente extra: las chicas que llevan falda tienen "piel extra" en los muslos para apuntarse más cosas, o incluso en el escote. Sitios donde no te vas poner a investigar, obviamente. Sin embargo, quedaría feo que un chico se bajase los pantalones hasta las rodillas para poder copiar tranquilamente, y sería demasiado evidente.

2. Anotaciones en papel

El gran clásico y, aunque no lo creas, un aliado magnífico para estudiar. En mis tiempos de alumno, se cogía un papel en proporción a **la información que no conseguías recordar**, y se plasmaba ahí con bolígrafo y letra pequeña. El papel, bien dobladito para no ser detectado, y convenientemente sobeteado para que no hiciese ruido al desplegarse, se escondía en el estuche, en el bolsillo pequeño de los vaqueros o bajo el reloj de pulsera, presto a ser utilizado en un descuido. Sobre esta fórmula hay múltiples variaciones, pero pocas más eficaces. He de reconocer que en cierta asignatura a la que no le tenía mucho apego, me hacía las chuletas ya por morbo. No me habría supuesto mucho esfuerzo memorizar los datos en cuestión, pero simplemente, no me daba la gana. En cierta ocasión, con un pliegue de papel de unos 8 x 15 cms, me hice una "de camuflaje": doblando el papel por la mitad, y pintando una de las caras con el mismo patrón a cuadros de la camisa que usaba ese día. El conjunto iba pegado con celo a mi costado derecho, por lo que en pleno examen sólo tenía que despegar un poco, consultar y volver a pegarlo. Conseguí la nota más alta de la clase en 3º de BUP: un 3,25.

Otra opción suele ser tirar hacia el lado contrario, y hacer la chuleta lo más descarada posible: sujeta con chinchetas junto a la pared donde estás, o camuflada en un dibujo. A este método le llamo *"hacer un Sauron"*. El profesor está tan pendiente de los detallitos pequeños en los alumnos, que no se da cuenta de que, a sus espaldas, han colocado una pancarta con la lista de verbos irregulares. O incluso, que él mismo no ha borrado la pizarra desde la última clase, y está ahí toda la explicación (sí, somos MUY despistados).

Ventaja: fácil de elaborar, fácil de ocultar (a priori). Implica un estudio previo para saber qué hay que poner en ese espacio por lo que, con un par de intentos, puede llegar a ser innecesaria porque se ha estudiado "sin querer".

Inconveniente: hay gente tan idiota que no sabe mover un dedo sin usar la tecnología para ello. La idea de la chuleta implica que sea escueta, completa, y que sea fácil hacerla desaparecer. Estoy cansado como profesor de interceptar chuletas PLASTIFICADAS, o impresas con letra tamaño 1, o directamente fotocopias reducidas. Cualquier intento de hacer desaparecer esa chuleta (por el efectivo método de metérsela en la boca y disolverla en saliva para luego tragarla) sólo puede acabar de una forma: en urgencias, por atragantamiento o intoxicación.

Inconveniente extra: es de Perogrullo… no puedes usar una de estas chuletas delante de un profesor. Algunos no miramos vuestras mesas o manos, sino que nos fijamos en el movimiento de vuestros ojos y en la dilatación de vuestras pupilas (somos un poco cabrones, lo admito, pero es que es muy divertido). Miradas furtivas a un lado, sudoración profusa y pupilas dilatadas pueden significar una intoxicación por opiáceos, pero también que estás usando una chuletilla.

3. Anotaciones en otros soportes físicos

¿Dónde más se puede uno hacer una chuletilla en condiciones, aparte de en un trozo de papel? Ay, almas cándidas, os sorprendería dónde me las llegué a hacer yo, y dónde las he llegado a ver. Voy a enumerar unas cuantas.

- *Carcasa de bolígrafo transparente garabateada con la punta de un compás.* Técnica prácticamente indetectable, a menos que el profesor tenga una vista de águila (que no suele ser el caso). Teniendo en cuenta que normalmente esos bolígrafos son un prisma hexagonal, tienes como 60 centímetros de espacio para escribir. 120 si consigues hacer una letra muy pequeñita y consigues dos líneas por lado. Eso sí, espero que seas más miope que una gamba, porque será la única forma en que lo puedas leer. Aunque con utilizar un segundo bolígrafo (numéralos) también le puedes ahorrar un esfuerzo a tu vista.

- *Escribir en la mesa.* Tiene sus peligros, pero siendo un poco pícaro, le puedes sacar jugo. Me explico:

1. *Rotulador transparente sobre tablero de Railite (melamina).* En 8º de EGB descubrí esta pequeña maravilla. Unos rotuladores transparentes que cambian el color de otros rotuladores pero que, usados sobre un tablero de melamina verde, y mirado a contraluz, permite leer lo garabateado. No así con la perspectiva cenital del profesor. La perfección, si no fuese porque el profesor, estando detrás y con el mismo punto de vista a contraluz, puede ver algo garabateado también.

2. *Alfabetos distintos al latino.* Pensaréis que igual aprenderse un alfabeto distinto no compensa el esfuerzo, pero no podríais estar más equivocados. Ya en 3º de BUP pude corroborar lo útil que me había resultado aprenderme el alfabeto cirílico unos años antes. Son unas letras parecidas a las del latino, pero con valores fonéticos distintos. Una simple

transcripción del texto en español con grafías cirílicas me permitía no sólo hacerme unas chuletas muy decentes en el pupitre (siempre con discreción), sino incluso en la pizarra. El profesor entraba, miraba con cara de extrañeza, y ahí lo dejaba. Pensad ahora lo que podríais hacer con otros alfabetos menos conocidos, como el rúnico, el fenicio o el amhárico.

3. *Escribir a lápiz sobre el tablero.* Obviamente, no escribir una parrafada, ni hacerlo de forma aglutinada, ni con letras muy visibles. Discreción, vamos. Este era uno de mis favoritos, para lo cual aprendí un par de alfabetos alternativos (griego y cirílico) con la intención de escribir pequeños poemas alrededor de la mesa, que luego emborronaba parcialmente y camuflaba entre intrincados dibujos. Un día casi me da un infarto cuando el profesor se quedó mirando el texto escrito durante unos instantes, pero no entendió lo que ponía y se fue, encogiéndose de hombros.

4. *Escribir en la pizarra.* Métete esto bien en el melón: durante el examen, la pizarra ha de estar BORRADA. Puede que tú sólo veas textos sin sentido, o extrañas fórmulas matemáticas. Pero ahí se puede esconder lo inimaginable, te lo digo desde la experiencia del que ha copiado todo un tema en la pizarra usando un alfabeto alternativo, se ha sentado en segunda fila, y se ha copiado íntegro el examen en las mismísimas narices del profesor.

5. *Escribir en lugares inverosímiles.* En mis muchos años de profesión en la educación pública, he visto chuletas en lugares difíciles de creer. Enumero unas cuantas:

1. Escritas con lápiz en el suelo de terracota
2. Escritas con lápiz en los perfiles de aluminio de las ventanas.
3. Escritas con rotulador permanente en el cristal de la ventana, pero por fuera

4. Escritas en un papel, y escondidas bajo la capucha del compañero de delante
5. Escritas en papel y ocultas en pliegues de la ropa, bajo la manga, y en lugares "comprometidos" (ingles y escotes, principalmente)
6. Escritas con rotulador permanente fino sobre azulejos marrón oscuro. Todo un desafío a la agudeza visual
7. Escritas en el respaldo de la silla del compañero de delante
8. Escritas en la goma de borrar, en el interior de la etiqueta del TippEx, o dentro de la carcasa de la calculadora. Ojo a los alumnos que se pasan el examen compartiendo material. Que cada uno traiga lo suyo de casa y se acabaron las excusas.
9. En mis años de estudiante, como algunos profesores permitían fumar en clase durante el examen (¡lo juro!), había quien se hacía las chuletas en los cigarrillos y luego, literalmente, se las fumaba.
10. Falsas etiquetas de refresco o agua, editadas con programas de retoque de imágenes que, en vez de la composición del brebaje, tenían toda la teoría (por eso se prohíben las botellas con etiqueta en las oposiciones).

4. Anotaciones digitales

La creatividad del ser humano es inversamente proporcional a los medios tecnológicos de que dispone a la hora de copiar. Con la irrupción del teléfono móvil y los "*wearables*", la cosa va perdiendo la gracia. Ahora, en cualquier examen que pongas, a la que te descuides tendrás a tus alumnos echándole un vistazo al móvil "para ver la hora". Con un simple deslizar el dedo por la pantalla, la foto que le habían hecho al libro desaparece y aparece de nuevo el reloj. Puede que estés al tanto y, para evitarlo, pidas que guarden los móviles en la mochila o el bolsillo, pero te aseguro que tardan medio segundo en echarle una nueva ojeada. Lo suyo es que recolectes personalmente todos los móviles, les pongas a cada uno una etiqueta nominal con una goma elástica, y los devuelvas al acabar la prueba.

Eso era buena idea antes de que surgiesen los *smartwatches*, relojes digitales, muy chulos, y que con un simple golpecito cambian de reloj a dispositivo electrónico cargado de información. De nuevo, el peligro no está en que se copien –si quieren, lo van a hacer, de una forma u otra-, sino en que en el proceso no se les queda absolutamente nada en el coco. El curso 2017-2018 ya tuve un par de alumnos intentando pegármela con el dispositivo de marras. El problema es que a veces son tan cortitos que me lo enseñan por los pasillos, diciendo "mira profe, para copiarme en el examen de matemáticas… le das ahí, ahí y ahí, y ya tienes las fórmulas a la vista". Es que no caen en que yo también les doy clase. Y luego encima, se van pasando el reloj unos a otros, delante de mí.

CHULETAS QUE SALIERON (Y SIGUEN SALIENDO) MAL.

Hemos visto un poco los pros y los contras de distintos tipos de chuleta. Llevan ahí casi toda la vida, y es una costumbre que no se erradicará, en tanto que representa la picaresca del alumno para conseguir su objetivo con el mínimo esfuerzo. Algunas de las formas de copiar que hemos visto eran todo un alarde de ingenio, aunque la mayoría eran tremendamente sencillas, y eso responde a un hecho evidente: puestos a esforzarse para hacer algo, se esforzarían en estudiar. Por tanto, los métodos de copieteo van a ser, *grosso modo*, los vistos anteriormente y alguna pequeña variación. No hay mucha creatividad, reconozcámoslo. Es por eso que ésto se convierte en un duelo en el que tú serás el cazador, y tu alumno, la presa. Puede que te guste pillarlos y avergonzarlos en el momento, pero te arriesgas a un momento de bronca que retrasará el examen. Es mucho más divertido fastidiarles el copieteo y ver sus caras de circunstancias

Como muestra, aquí va una pequeña lista de "pilladas" reales:

1. Chuleta en papel oficial. El alumno que te entrega el examen con los márgenes llenos de fórmulas sobre tu materia. Está claro que eso no estaba en el original que le has dado, por lo que es un añadido del propio alumno. Me jugaría el sueldo ahora mismo a que, si le preguntas a tu alumno, la respuesta es algo así como "Es que, si no me lo apunto, se me olvida". Nada de eso… Hace ya bastantes años, llamé a esta estrategia "la chuleta legalizada". Técnicamente, no es una chuleta porque no está en un papel aparte, sino en el propio examen, y es muy evidente que el sujeto en cuestión ha sacado una chuleta "ilegal" y, en un descuido, la ha transcrito en un formato "legal". El argumento para tumbar cualquier intento de "legalización" es que, si no ha conseguido ni memorizar esa fórmula / declinación / vocabulario y necesita tenerlo ahí, el examen no vale. Es mejor avisar sobre las consecuencias ANTES del examen, para evitar lloreras varias.

2. Chuleta "Tippex". Al empezar el examen se avisa de que sólo se puede tener sobre la mesa dos bolígrafos del mismo color (azul o negro) y líquido corrector. Estos objetos sólo podrán ser usados por sus dueños. Si te quieres divertir, permite que lo puedan compartir. Entonces te darás cuenta de que sólo unos cuantos alumnos disponen de dicho corrector, y verás que, durante la prueba, ese artículo irá recorriendo gran parte del aula de mano en mano. No lo pierdas de vista, como a la bolilla en manos de un trilero, porque podrás observar que algunos alumnos piden el líquido corrector, pero no lo usan (ahí, el ruidito de los correctores de cinta es como el cencerro de una vaca, la prueba de que se está moviendo). El que no lo use, bingo… Puedes coger el corrector, como para devolverlo al dueño, y verás qué susto le das.

3. Nuevas tecnologías. Resulta rancio cuando hablan de "nuevas tecnologías" aplicadas a la enseñanza para referirse al uso de CDs y ordenadores. Los alumnos, mal llamados "nativos digitales" (ya hablaremos sobre esa etiqueta más tarde), se **suelen** manejar en esas lides con la agilidad de una trucha en un riachuelo de montaña, por lo que te puedes encontrar cosas sorprendentes como pinganillos de 500€ y cosas por el estilo. Sin embargo, lo más habitual será el uso indiscriminado del móvil: acceso a internet para consultar información, chats en los que los alumnos intercambian información durante el examen, y ya en el colmo de la indolencia, fotografías de los apuntes. El móvil, evidentemente, no estará sobre el pupitre durante el examen, por lo que normalmente estará oculto:
- bajo el trasero del copión (o incluso en el regazo).
- tapado con el pelo largo del compañero de delante.
- dentro del estuche (insisto: no permitas más que dos bolis sobre la mesa).
- dentro de alguna prenda de ropa, punto extra si es ropa interior.

4. Cara dura. Y mucha, además. Os pongo en situación: Alumno con su mesa delante de la del profesor (separada un metro). Nota promedio hasta ese momento, alrededor del 4. Ha experimentado mejoría "sorprendente" en las redacciones que hace en casa, pero curiosamente en clase se le olvidan los rudimentos básicos de la sintaxis y la ortografía (¿se os ha encendido ya la lucecita roja de "peligro"?). A los 10 minutos de examen, desde la mesa del profesor, me percato de que a pesar de ser zurdo, hace rato que tiene el bolígrafo en la mano derecha y no lo está usando, aunque mira hacia abajo fijamente… Me echo un poco hacia atrás, y veo cómo tiene entre las piernas un móvil que utiliza con la zurda. Le dejo una ventaja de unos 30 segundos, en los que sigue enfrascado en teclear y, al final, decido acabar con su agonía y le pido el móvil y el examen. Ni chista.

5. Iluminación. En otra ocasión, con un 1º de bachillerato hicimos el examen en mesas "de pala" (con tablero auxiliar), durante el mes de **junio**. A pesar de estar todos sudando la gota gorda, y en relativa penumbra para evitar el calor, cierto alumno coge su chaqueta y se la pone sobre las piernas hecha un gurruño (luz roja de "peligro" encendida). De repente, su cara se ilumina como si estuviese contemplando la venida del Espíritu Santo, pero en realidad es por la elevada luminosidad de la pantalla del móvil que tiene sobre sus rodillas, mal camuflado entre la chaqueta. El ligero movimiento de sus ojos, de un lado a otro, que brillan con el reflejo de la pantalla, lo confirma. Como lo conozco de otros intentos de copia, le digo que se quite la chaqueta de encima, que le va a dar un patatús. La cara de abatimiento que me pone es lo bastante elocuente.

6. Rompan filas. Grupo ya colocado en zafarrancho de examen al entrar al aula. Eso es **muy mala señal**, y lo notas porque los sospechosos habituales están bastante relajados. Es más, me apostaría la nómina de mi director a que esos mismos "sospechosos habituales" están sentados siguiendo el perímetro del aula (paredes y última fila). Esas posiciones son un caramelito para los copiones, porque tienen varios flancos cubiertos para sacar chuletas a discreción. Como ponerse a mirar mesa a mesa (28 alumnos) me puede llevar un rato, y sospecho que muchos tienen chuletas escritas en el pupitre, lo rápido es lo siguiente: los alumnos de la fila 1 y la fila 2 se intercambian entre sí (sin cambiar el mobiliario de sitio), y lo mismo con las filas 3 y 4. Con esto, se consigue 1) despojar a los chuleteros de sus armas, y 2) por falta de celo o por desconocimiento, dejar desprotegidas dichas chuletas.

7. Técnica Babel: sembrando la confusión. Grupo de alto riesgo de "soplo" durante el examen. 3 modelos de examen (las mismas preguntas, pero en otro orden y con otra numeración). Distribuidos en 4 filas, de la siguiente forma y con ese modelo de examen (nadie tiene el mismo modelo que el de delante, o el de detrás, o el de los lados)

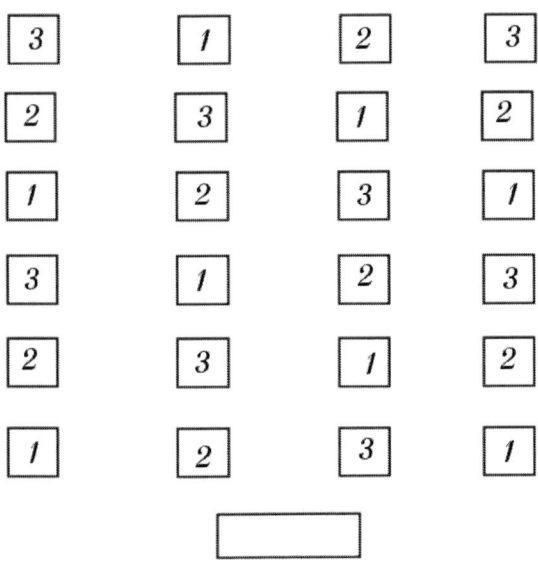

Para un "extra" de dificultad, es el profesor el que decide quién se sienta dónde, rompiendo alianzas de gente que sepamos que hablan entre sí durante los exámenes.

Sin embargo, y a pesar de todo lo expuesto hasta ahora, hay muchas veces que es nuestra propia desidia como profesores la que provoca el desastre: si das a varios grupos del mismo curso, lo normal es que ni te molestes en cambiar los exámenes. Eso suele llevar a que los alumnos salgan raudos de tu prueba para explicarles a los siguientes todos los detalles de esta. Un simple cambio en algunas preguntas te puede solucionar el problema, aunque ese cambio sea simplemente cambiar el orden de las preguntas. Eso, en el hipotético caso de que tus alumnos realmente sean de los que quieren ayudar a otros compañeros. No será la primera vez que los del "A" y los del "B" se odian profundamente, por lo que cualquier interacción estaría descartada. Pero que vamos, ya que te pones a montar un examen, monta dos modelos distintos por si acaso. Te será útil ese segundo modelo de examen, bien para Manolín, que tiene la virtud de ponerse enfermo siempre el día en que toca examen, y se lo tendrás que hacer otro día, o bien para cuando tengas que hacer alguna recuperación o, simplemente, quieras pegarle un susto a algún grupo díscolo.

En general, os diría que evitéis los exámenes tipo test. Sí, ya sé que son cómodos de corregir, y que basta con memorizar la plantilla de respuestas para ir como una flecha en ese menester... pero con esa misma agilidad se van a soplar las respuestas tus alumnos. Está claro que esto sólo nos debería preocupar en el caso de que las tuviesen todas bien, pero como decía, en general los exámenes tipo test son un arma de doble filo: por una parte, aquéllos que han estudiado pueden tener clarísimos los conceptos y los procedimientos, pero al restringirles la forma de contestar a una serie de opciones, no se les permite usar su creatividad... y por otra parte, no será el primero que no ha estudiado absolutamente nada, pero rellena el test como si fuese un boleto del Euromillones y consigue incluso una notaza. Sencillamente, no es justo, y además te dejarás por evaluar muchos aspectos.

POR QUÉ VIGILAR DURANTE LOS EXÁMENES

Visto el gran abanico de posibles formas de copiar en un examen, queda claro que hay que poner un poco de coto a esa costumbre. Da igual que les digas "no me hagáis las redacciones de inglés usando traductores digitales, que os voy a pillar", siempre habrá

6 o 7 en el grupo que probarán suerte y acabarán mal. Evitar las trampas sería tan fácil como hacer ese trabajo en clase, en vivo y en directo, pero se perdería esa parte tan bonita del aprendizaje que es intentar vencer al profesor en su terreno. No son contenidos todo lo que enseñamos, al fin y al cabo.

Además, los tiempos en que el curso se jugaba a una carta han quedado muy lejos. Actualmente, los exámenes son tan sólo UNA de las múltiples formas que tenemos para comprobar el nivel de conocimientos de nuestro alumnado. Evidentemente tenemos que justificar nuestra evaluación en base a diferentes pruebas por varios motivos:

- Desde que se evalúa por competencias (LOMCE de 2013 aunque la historia viene de lejos), has de asegurarte de que no te dejas *ninguna* por evaluar, aunque sea en un porcentaje ridículo. Evaluar cosas tan dispares como la competencia de "aprender a aprender" y la "competencia matemática" con una sola prueba, es harto difícil, por no decir imposible. Total, para que al final en la aplicación que manejes acabes poniendo un número del 1 al 10. Para llegar a ese número, has de **justificar** de dónde sale, y para ello has de preparar la "trampa" bien, despiezando bien el mecanismo y poniendo por un lado los tornillos, por otro las tuercas, por otro los muelles y por otro los engranajes.

- Prioriza realizar muchos exámenes pequeños antes que uno extenso. Es más fácil para los alumnos y para ti. Los alumnos lo llevan mejor y estudian con más facilidad (los que estudien, claro) al refrendar los conocimientos lo antes posible. Para ti es más trabajo que te vas a llevar fuera del instituto, pero te permite poder dar una retroalimentación a los padres y los alumnos, para que nadie te pueda decir que no se esperaba recibir calabazas XXL.

- Parece un poco cruel, pero tendrás que variar y mucho la forma de tus pruebas, la longitud de éstas, y lo que pides.

Hay que tenerles desconcertados (aquí es donde levanta la mano el departamento de orientación para intentar llevarme la contraria), porque no es tanto aprender contenidos como la forma de resolver nuevas situaciones. Todo esto se debe a que los alumnos en seguida (en dos pruebas) se aprenderán tus tics y tu forma de examinar, y no tardarán en intentar puentear tus pruebas haciendo trampas. No te lo tomes como algo personal, porque seguro que tú hiciste lo mismo.

- El truco de tener distintas formas de evaluar los conocimientos no es tal... es el fiel reflejo de lo que pasa en el aula cada día. ¿O acaso no podrías, después de la primera semana de clase, hacer una quiniela con quiénes aprobarán y quiénes suspenderán en esa clase? Basta con ver cómo se sientan en clase, cómo se comportan a lo largo de una sesión, si trabajan o no, si hablan o no... Es un poco como la previsión meteorológica: ver lo que pasa en una fracción de tiempo y extrapolarlo a 10 meses vista. Haz la prueba, y te digo que no te equivocarás mucho. Todo se reduce a que evalúes quién atiende en clase y quién no, quién contesta a las preguntas, quién trabaja en clase, quién hace los deberes... Todo eso son pequeños elementos de información que, a la postre, te permitirán hacerte una imagen que justifique esa nota que, casi seguro, llevabas en la cabeza. Curiosidad: esto de justificar la nota es casi inútil para notas entre el 5 y el 7, pero viene bien para los alumnos que sacan un 8 pero querían un 10 (te apretarán más que a los pernos de un submarino), y viene **muy bien** cuando tengas que explicarle a un padre o madre que te has "fundido" a su criaturilla porque (sacas la hoja donde has recogido la información) no ha hecho ninguna de las 30 tareas evaluables. Poco hay que discutir ahí.

El "examen único" simplemente es una prueba injusta y peligrosa. Injusta, porque el alumno se juega a una carta toda la nota de un trimestre. Puede que los nervios le jueguen una mala pasada, o que no se encuentre bien, o que no haya estudiado nada porque la partida del *Fortnite* se alargó hasta las 4 de la mañana. Cierto es que les has dicho un trillón de veces que no se lo dejen para el día de antes, pero no les habías dicho nada de la hora de antes y, al fin y al cabo, insisto… si no le hacen caso a sus padres, imagínate a ti que sólo los tienes 3 horas a la semana. Pero, sobre todo, es **peligrosa** porque, ante la perspectiva de un suspenso como el tronco de una secuoya, evidentemente los alumnos van a disparar su ingenio para hacer trampas. Cuanto más largo e importante parezca el examen más valioso será y, por tanto, más probabilidad hay de fraude.

12. UN CURSO, PASO A PASO

LA TOMA DE POSESIÓN

Pues sí… parecía una meta imposible, pero después de muchos desvelos, horas de estudio, preparadores particulares, academias de oposiciones, presentarte a un examen sobre un temario de 70 temas más largos que un día sin wi-fi, aprobarlo con muy buena nota, currarte una programación didáctica funcional, innovadora, llena de actividades motivadoras e interesantes, presentarla y defenderla frente a un tribunal de 5 personas (3, en realidad, porque dos se han salido, uno a fumarse un cigarrito y otro a hacer pis) que te miran con cara de "puf, otro más contándome lo mismo que los otros seis", sacar muy buena nota, y presentar tus méritos (tu expediente académico universitario, títulos de idiomas –autonómicos y extranjeros-, másteres, postgrados, publicaciones, cursos de perfeccionamiento pagados en un sindicato a precio de caviar Beluga, cursos de perfeccionamiento a cargo de una universidad privada (del precio de éstos, ni hablamos) y seminarios que no sabes si puntúan o no). Después de todo esto, por fin salen las notas de las oposiciones, y ¡sí! ¡Estás aprobado! Miras en qué puesto has quedado y estás en el puesto 86 de 850 candidatos.

Respiras hondo, porque te está entrando una taquicardia muy fuerte, pero ya está, ya está… ¡Ya lo tienes! Lástima que, mientras sales del instituto para llamar a casa y decirle a tus padres que por fin vas a ganar un sueldo de funcionario haciendo lo que te gusta –o crees que te gusta-, oyes a vuelapluma una conversación.

- Ya ves, qué faena… Si en vez de 70 plazas hubiesen ofertado 80, estaba dentro.

- ¿Qué le vamos a hacer? Al final, con tanto que prometieron una lluvia de plazas, y han cubierto por los pelos la tasa de reposición.

Esto significa, en cristiano paladino, que aunque has aprobado el proceso de concurso-oposición, te has quedado en el mismísimo dintel de tu paraíso soñado, y te han dado con el pomo de la puerta en toda la piñata. Lo sentimos, vuelva usted el año que viene, a ver si hay suerte.

Porque en esto de las oposiciones, el factor suerte, digan lo que digan, pesa más que un collar de balas de cañón.

Desesperado al recordar el pastizal que te has dejado en cursillos, academias, preparadores y cafeína, vuelves al tablón de anuncios a mirar tu nota, a ver si… no, ni te canses, lo habías visto perfectamente: estás el 86 y sólo había 70 plazas. Sin embargo, oyes a dos chicas muy contentas que comentan algo de que al menos han conseguido que las empiecen a llamar para sustituciones, y un pequeño rayito de luz se cuela entre tus nubes negras. No es la película que te habías montado tú, pero menos da una piedra.

Pasas lo que queda de tu verano (poco, la verdad… una semana escasa de julio y el mes de agosto) con una sensación como de frustración e impaciencia, estás de un humor de perros, y de repente sensiblón, enfadado contigo mismo por no haberlo hecho mejor… y cuando te quieres dar cuenta ya estás en septiembre y empieza el curso.

Después de visitar la página de la Consejería de Educación de tu provincia como doscientas veces cada día (menudo dineral se sacarían si pusieran anuncios ahí, madre mía), y de darle la brasa por enésima vez a los del sindicato al que te afiliaste, te dicen que este año han salido muchas vacantes en las adjudicaciones de septiembre, porque en verano se han jubilado chorrocientos, y eso son sendas plazas que cubrir. No, si al final todavía tendrás suerte.

Y llega el día. Llega el día en que, al salir la lista de los adjudicados de esa semana (no pensarías que esto iba a ser llegar y moler…), aparece tu nombre en ella. Y en esta ocasión sí, al lado de tu nombre está el nombre de tu primer centro de trabajo. ¡Enhorabuena! Con un ataque de nervios imprimes tu ansiada credencial que, como ya te explicamos en el otro libro, tendrás que llevar al centro para que te la firme el director y poderla llevar luego, junto con una serie de documentos (DNI, título de licenciado, papeles de hacienda, declaraciones juradas de lealtad al rey –no es broma-, certificado médico de cumplir el canon de "mens sana in corpore sano"…), al organismo que te ha contratado.

Y ahora, las dos grandes y enormes dudas. ¿Dónde y cómo? ¿Dónde te han mandado? Si es tu primera vez y el curso no está muy avanzado, puedes haber tenido suerte y que te haya tocado cerca (exclúyase aquí el concepto "cerca" que tienen en Madrid, y que puede requerir llenar el depósito del coche, pernoctar fuera del domicilio o coger un puente aéreo sin mucho problema), un poco menos de suerte y que te toque madrugar bastante para llegar a tu puesto de trabajo cada día, o que haya sido una auténtica faena y te toque darte una paliza de coche cada día o incluso cambiar de residencia mientras dure la faena.

Y la segunda duda… ¿cómo llego hasta allí, no sólo ese día, sino el resto? Afortunadamente, en este siglo XXI en que vivimos, existen multitud de trastos electrónicos o incluso aplicaciones informáticas y páginas web que, en un santiamén, te enseñan a vista de pájaro el lugar que has introducido en el motor de búsqueda. Incluso, si les dices dónde vives, te muestran el caminito que hay entre el punto A y el punto B, por qué carretera ir para ahorrarte pagar un peaje, y si hay radares en el trayecto, para que cuando se te peguen las sábanas y tengas que ir a todo trapo, reduzcas la velocidad en ese tramo y no te salga la broma por 200 euros y 4 puntos.

Si has tenido suerte y te ha tocado entre muy cerca y bastante cerca, puedes desplazarte a pie, en bicicleta o en transporte público. Sería el caso de que te tocase trabajar en la misma ciudad en que resides, y personalmente pienso que no sería algo positivo, porque después cualquier otro sitio donde te toque te va a parecer lejos, y llegar allí, un suplicio. En este caso, el primer día llega con puntualidad porque, aunque no te vas a incorporar ese día, te tienen que explicar un montón de cosas, darte muchos papeles (listados de alumnos con sus respectivas fotos, horarios, instrucciones de funcionamiento, contraseñas para distintos sistemas de control de plag… del alumnado…), y vas a tener que conocer a, por lo menos, la directiva y tus compañeros de departamento. Si tu asignatura es un departamento unipersonal, la mitad de la faena ya la llevas hecha. Una vez rellenados los documentos, corre como un gamo a la Consejería de Educación a llevarlos, que si no tardarás hasta dos meses en cobrar, y no te va a hacer mucha gracia.

Si te ha tocado trabajar a una distancia "media" (entre 20 y 80 kilómetros de tu casa), tienes que empezar a plantearte seriamente cómo llegar de forma rápida, eficaz y, sobre todo, económica. Lo más socorrido en estos casos es tirar de coche particular, porque te da una independencia de horario que no te da el tren (normalmente), y con él llegas a sitios donde –por desgracia- las infraestructuras de transporte público no siempre llegan. Piensa, sin embargo, que esa distancia casa-centro la tienes que hacer también de vuelta, con lo que el kilometraje diario (multiplícalo por 20 para averiguar el mensual) parece que no, pero se acumula en tu cuerpo serrano tanto o más que el colesterol, y puede llegar a ser peligroso. 200 kilómetros a la semana es poco más que una menudencia. 800 kilómetros a la semana es como ir desde Valencia a Cádiz, y en un mes equivale a viajar desde Madrid a Lituania. Si cansa sólo de leerlo, imagina lo que puede suponerle eso a tu espalda, a tus neumáticos, tu motor, tus frenos y tu bolsillo. Si existe la posibilidad de echar mano del ferrocarril (primero, que exista, y luego que el precio y el servicio sean buenos), no hay que descartarlo. Igual tardas un poco más, igual has de caminar un poco… pero en lo que dura el trayecto te puedes arrear unas siestas de campeonato o hincharte a leer libros. 18 de los gordos me llegué a leer yo, un año..

Para distancias superiores a 80 kilómetros, como comentamos en el anterior libro, lo sensato es quedarse a vivir, si no en la localidad, al menos en la zona. Lo que pierde el bolsillo lo gana la salud. Recientemente una compañera me contaba que, estando embarazada de su hija, y posteriormente al alumbramiento, pasó 5 años desplazándose diariamente a 150 Km de su casa. 6.000 kilómetros y unas 60 horas al volante cada mes. Y un coche nuevo al acabar el tercer año porque el motor se le pegó fuego yendo de camino a casa.

LA LLEGADA

Pues bueno, ya estás en el centro incluso antes de que abran porque, como eres una persona precavida, anoche te pasaste un buen rato analizando cómo llegar, rutas alternativas, mirando los niveles al coche, y con los nervios no has dormido apenas, así que prácticamente te has ido directo.

A eso de las 07:45 empieza a aparecer gente, normalmente otros profesores que vienen de lejos, y se van congregando en la puerta. Ahí, dependiendo de las ganas que tengas de sociabilizar (o del tiempo que vayas a estar en el centro, si es que te han comunicado qué tipo de sustitución es), puedes ir presentándote a tus futuros compañeros y tanteando a ver de qué palo van. Aunque igual a esas horas no están muy habladores, precisamente. Y si es un lunes, menos aún. Y si encima te has plantado en la puerta del centro con la maleta (¡déjala en el maletero, caramba!), pueden llegar a pensarse que eres un comercial de alguna editorial que viene a darles la tabarra.

La maratoniana jornada empieza cuando llega el / la conserje y abre las puertas del centro. Lo ideal sería presentarte al conserje, que al fin y al cabo es la única persona con "funciones no docentes" en ese momento, y preguntarle a quién te tienes que dirigir. Ármate de paciencia, porque aunque siempre tiene que haber una persona de la directiva en el centro, no suele ser habitual que el / la jefa de estudios tenga horario a primerísima hora, por lo que la mañana de ese día ve dándola por perdida. Dirígete a la sala de profesores, preséntate a los que veas por allí, y con suerte te irán dando la primera información que necesitarás: qué horario tienes, si tienes tutoría o no, y a qué hora llega el director para firmarte los documentos.

A poco observador que seas, y aunque tu suspicacia estuviese bajo mínimos, bastará echarle una ojeada a los casilleros de tus compañeros para identificar 1) cuántos profesores hay en el claustro, y 2), según el estado de cochambre que acumulen dichos casilleros, si la faena en ese centro es relajada o frenética. Si lo primero que has visto al entrar a la sala de profesores es una mesa enorme, atiborrada de papeles, carpetas, bolígrafos, tazas vacías y demás, ya puedes estar seguro de que la has cagado, pero bien. Porque si eso es la zona donde ha de reinar el orden, no quieras imaginar lo que te esperará dentro de las aulas.

En cuanto al mejor momento para hacerte una idea del funcionamiento del centro, te recomiendo el recreo. Ahí verás llegar, en plena faena, a la mayoría de compañeros, así que no pierdas la ocasión de fijarte en sus caras: Si predominan las sonrisas, puede que las clases no sean tan malas. Si predominan los gestos avinagrados, las arrugas en la frente y, en general, un tufillo generalizado a hastío y frustración, te digo lo mismo que con la mesa llena de papelotes y trastos: agárrate. Fíjate también en el color de las cabelleras de tus compañeros: si predominan las melenas vigorosas, brillantes, bien cuidadas, incluso alguna rasta que otra, se trata de un claustro joven y dinámico, y te lo pasarás (normalmente) bien con tus compañeros porque habrá cierto grado de complicidad. Si, por el contrario, predominan las melenas lacias teñidas y las cabelleras cubiertas de canas, lo lamento: has caído en un "cementerio de elefantes", donde los profesores van deslizándose como la lengua de un glaciar hacia su jubilación, se limitan a hacer su trabajo sin implicarse más allá de lo necesario, y tienen además un sexto sentido que les ayuda a evaporarse segundos antes de que aparezca un problema.

El caso (sin querer, he tecleado "caos" y el corrector no me lo ha rectificado, por algo será) es que ya estás en el centro. Contactas con tu jefe o jefa de departamento que, normalmente, será amable y te explicará una serie de cosas. Aquí va una chuletilla de lo que tienes que saber, sí o sí, antes de volver a casa:

- Grupos a los que das, y en qué aula los tienes.
- Horario semanal.
- Plano del centro y ubicación de las aulas.

- Libros de texto y materiales alternativos especiales si los hubiere.
- Si sustituyes a otro profesor, todos los materiales que haya dejado, y por qué punto del temario se quedó.
- Qué se hace con los alumnos díscolos y si hay aula de expulsados.

Nuevamente, y haciendo uso del gen de Sherlock Holmes que todo docente guarda oculto en su ADN, hay un par de datos que te valdrán para hacer una rápida radiografía de lo que te ha caído en suerte. Por ejemplo, si estás sustituyendo desde principio de curso a una persona cuyos grupos sólo son (en secundaria) 1º y 2º de la ESO, y su horario es de los de empezar todos los días a las 8, tener muchos huecos, y acabar a las 3 de la tarde, ve haciéndote a la idea de que es posible que te quedes todo el curso. Como vimos en el libro anterior, un horario tan malo con unos grupos tan movidos suena más a venganza que a otra cosa. Y no será el primero ni el último que recurre a enlazar bajas para evitar pasarse un curso sufriendo innecesariamente.

EL PRIMER MES

A efectos narrativos, y para ofrecer una "experiencia" completa, vamos a suponer que te han adjudicado la tan ansiada plaza a principios de curso, y que además sabes a ciencia cierta que vas a pasar en tu puesto hasta el 30 de junio.

El primer mes en un centro, y sobre todo si es tu primer mes en la profesión, puede ser algo muy traumático. Si no habías tenido contacto anteriormente con lo que es la docencia, igual aguantar a más de 20 alumnos –en especial, si son adolescentes– a principio de curso puede poner a prueba al más pintado, así que imagínate si la última vez que pisaste un aula fue cuando acabaste el bachillerato. La cosa en este gremio cambia en cuestión de 5 años como si fuese un camaleón cabreado, en especial cuando estás al otro lado del pupitre y con veintipico pares de ojos clavados en ti.

CONOCE TU CENTRO

Parece una obviedad lo que voy a decir, pero en una nueva situación lo primero que necesitas es conocer el terreno en que te mueves. Literal y metafóricamente. De ahí que sea importante tener un plano del centro, la distribución de aulas (idealmente, y en centros que se lo curren mucho, conocer el equipamiento de que disponen, cuántos pupitres + sillas tiene, si tiene ordenador, pizarra digital, cañón proyector…), y dónde se encuentran. Hay centros organizados con primor, como si fuesen un hotel, y sólo con el nombre del aula ya te haces una idea de dónde se encuentra. Por ejemplo, un aula A-14 estará normalmente en el bloque A, primer piso, aula 4, mientras que el aula B-22 estará en el bloque B, segundo piso, aula 2. El problema viene con edificios "de la vieja escuela": han pasado por varias remodelaciones, ampliaciones, tienen edificios anexos no necesariamente bien conectados con el edificio principal, y son los principales causantes de que llegues 5 minutos tarde a tu siguiente clase. No por desidia ni por despiste (eso ya llegará, tranquilo), sino porque simple y llanamente te has perdido. Ríete si quieres, pero en la actualidad yo voy a empezar mi quinto año en el mismo centro y todavía me cuesta saber dónde se encuentra, por ejemplo, el aula de plástica, o saber si al salir de un aula he de girar hacia la izquierda o hacia la derecha para llegar antes a la sala de profesores.

Los edificios más modernos, a mi modo de ver, y al menos en mi comunidad autónoma, tienen muchas ventajas, pero también algún que otro inconveniente. Como ventajas, tienen la posibilidad de climatizarse: su preinstalación de aire acondicionado (otra cosa muy distinta es que se instale un aparato de aire acondicionado)y/o radiadores. También, a menudo, las aulas son más amplias, más luminosas, más cómodas... frente a la ley que determinaba 1,5 metro cuadrado por alumno, aquí puedes encontrarte con unos holgados 4 metros por alumno. Te da igual, van a acabar apiñándose en pequeños rebañitos, y sólo se desperdigarán cuando haya examen. Y los pasillos y zonas "comunes" como escaleras y rellanos suelen ser más amplias, y están dotadas de taquillas para guardar los bártulos y no andar por ahí cargado como un sherpa.

¿Y cuáles son los problemas de estos edificios modernos? Pues precisamente lo mismo: son muy amplios, y ofrecen gran variedad de lugares para que los alumnos se "pierdan" para hacer novillos; todo artículo novedoso es susceptible de sufrir un sabotaje malintencionado (cables de ordenador que "desaparecen", lentes de proyectores que se boicotean con rotulador permanente, software malintencionado que te abre páginas guarras tan pronto como abres el explorador, profesores incautos que se dejan iniciada su sesión en YouTube a expensas de cualquier perrería que le quieran hacer...). A nivel arquitectónico, suele ser una buena idea el que el pasillo que da acceso a las aulas esté "forrado" de taquillas, porque a la vez insonoriza el aula, pero para ahorrar un poco en iluminación se suele utilizar mucho cristal y claro... los alumnos suelen mirar por la ventana más que al profesor que les está explicando la reconquista de España, las derivadas o por qué en inglés no puedes decir "*I am constipated*" si lo que tienes es un resfriado.

En cualquier caso, lo suyo es que te estudies el plano de tu centro como si tuvieses previsto atracar Fort Knox. Calcula dónde empiezas el día y dónde acabas antes del recreo, y busca las rutas más cortas para evitar troncharte el cuerpo cargado de bártulos, pero sobre todo, para llegar dentro de ese margen de cortesía de 2 o 3 minutos. Parece una tontería, pero en ese lapso da tiempo de sobra para que estalle una pelea entre alumnos y te pille a ti en medio de todo.

Aprovecha también para echarle un ojo a la cantina, a la sala de profesores, a tu departamento... observa qué hacen los demás profesores para hacerte una idea del funcionamiento. Si llegado el recreo cada cual se va a su departamento, suele ser señal de que hay conflictos interdepartamentales, o algún mal rollo latente que no te conviene remover. Normalmente los profesores saldrán en estampida hacia la cantina –si la hubiese-, así que allí será el lugar inicial para acoplarte. Una cantina que permanece vacía de profesores –o incluso de alumnos- durante el recreo es una señal malísima. Para el negocio del cantinero, sobre todo, pero también un claro indicador de que el ambiente está muy viciado. Sin embargo, si en tu departamento directamente hay cafetera de cápsulas, el problema es que los productos de la cafetería son bastante malos. Ahórrate una gastroenteritis y tráete tu propio almuerzo.

Ya dentro del aula (o aulas, según en cuántas "actúes"), necesitas saber qué tal es la acústica, si la pizarra se ve bien desde todos los ángulos, si la mesa del profesor tiene cajones con llave para guardar tus trastos... No te preocupes por la distribución de las sillas y pupitres porque, al fin y al cabo, se van a mover más que un garbanzo en la boca de un viejo, y por el camino se irán cayendo tornillos, tapas protectoras de las patas, respaldos... Si comparas el estado del mobiliario de un aula en junio con cómo estaba en septiembre, pensarás que por ahí se han hospedado Atila y todos sus colegas. Con la salvedad de que seguro que Atila y sus colegas dibujaban menos obscenidades en las mesas.

Con un poco de suerte, te corresponde una de esas famosas "aula materia", en cuyo caso puedes organizarla como si se tratase de una habitación de tu propia casa. Tampoco es plan de que aparezcas por allí en albornoz y con zapatillas de andar por casa, pero es importante que te sientas cómodo, porque vas a pasar ahí muchas horas. Y si consigues que tus alumnos se sientan igual, tienes la mitad de la faena hecha. Pero tampoco permitas que se descalcen al entrar en clase, ni que pongan los pies encima de las mesas y sillas, claro.

CONOCE A TUS ALUMNOS (y que te conozcan a ti)

Piensa que vas a tener que pasar los próximos 10 meses (vacaciones aparte) con entre 100 y 130 alumnos, lo que implica entre 80 y 160 horas, según las horas lectivas de la asignatura que impartas. Por mucho que te quieras distanciar, y mostrarte frío como el interior de un iceberg, el roce hace el cariño (y las ampollas también), y acabarás por enterarte de muchas cosas de tus chavales. De sus resultados académicos por supuesto, pero también de sus vidas: situaciones familiares, relaciones con sus compañeros y con otros profesores, o incluso con gente de fuera del centro. Igual eres de los que piensan que ir averiguando esas cosas es de ser un cotilla y un entrometido, y que tú eres el profesor, ellos son los alumnos, y ahí no debe haber vasos comunicantes. No sabes lo equivocado que estás, si es que de verdad piensas eso…

Para empezar, y como comentábamos en "Manual para profesores (tremendamente) novatos", los alumnos van a realizar una tarea de documentación sobre ti equivalente a la que tú te estás oponiendo a hacer sobre ellos. Cuando tú dices que te da igual dónde vivan, o con quién, ni cuánto ganen sus padres, con quién se junten o a qué se dediquen en su tiempo libre, primero: tus alumnos seguramente ya sepan tu nombre completo, dirección, si eres usuario de redes sociales, estarán compartiendo fotos tuyas, conocerán cuál es tu coche, si estás casado o si tienes hijos, y dónde estudian éstos. Si no has estado atento a borrar tu huella digital, lo lamento: los teléfonos móviles de tus alumnos van a hervir con fotomontajes tuyos disfrazado de cosas, o en poses sugerentes. Y, en segundo lugar, si no aprovechas para recaudar esa información, estás desperdiciando la posibilidad de conocer factores fundamentales para que tu clase funcione como una máquina bien engrasada, como saber si los padres de tus alumnos se llevan bien, si hay buen ambiente en casa que permita que estudien, si su economía les permite clases de refuerzo, si están demasiado tiempo haciendo extraescolares o si éstas van dirigidas a lo que quieren hacer en un futuro.

Toda esa información, querido lector, es **RODIO PURO** (mucho más valioso que el oro). Porque te va a permitir saber qué puntos fuertes y débiles tienen tus alumnos, y básicamente por dónde entrarles para conseguir impartir tu materia de forma relativamente cómoda, o a quién recurrir si la cosa se tuerce. Insisto, si tus alumnos están recaudando información sobre ti –y no con buenas intenciones, intuyo-, deberías hacer otro tanto. No te cortes en pegarte una vuelta por las redes sociales –usando una cuenta falsa, por supuesto-, y verás cómo siempre encuentras algo interesante para descolocar al típico alumno que se pone farruco. No descartes tampoco rastrear a sus padres: en sus perfiles suele haber fotos de sus niños vestidos de comunión que son mano de santo a la hora de negociar según qué cosas. Aunque también te puedes encontrar con pequeñas sorpresas, como que ese padre tan educado que viene a hablar contigo de que a su hijo le cuesta concentrarse, se pasa todo el fin de semana por ahí, de fiesta en fiesta, porque trabaja disfrazándose de policía y haciendo de stripper. Me ha pasado.

CONOCE A LOS COMPAÑEROS

¿Te irías de viaje a un país desconocido con un grupo de gente, sin un plan de lo que vais a hacer y sin conocerlos antes un poco? Si has contestado que sí, o eres un auténtico Indiana Jones o un inconsciente.

Es muy, pero que muy importante conocer a tus compañeros. Principalmente, a los de tu departamento, porque son los que te podrán orientar sobre los entresijos de tu trabajo. Que sí, tú habrás aprobado (o no) una oposición y serás un erudito (o no, normalmente sí) en tu materia, y más con el ridículo nivel que se imparte en secundaria. Pero normalmente tus compañeros ya tendrán hecho callo de tanto batirse el cobre en esos círculos, con lo que te podrán asesorar. Después de leerte este libro, sin embargo, serás tú quien pueda ilustrar a los nuevos incorporados, o incluso a algún veterano (¡qué gustazo da eso, por favor!).

Dentro de tus compañeros de departamento estará el jefe o jefa, que es el encargado de chuparse la elaboración y redacción de las programaciones (ardua y farragosa tarea donde las haya), asistir a las comisiones de coordinación pedagógica (COCOPE), y, en definitiva, de hacer de correa de transmisión entre el departamento y la dirección. Ya vimos que, como en botica, hay de todo. Enhorabuena si te ha tocado un jefe enrollado y colaborador, y lo siento si te ha tocado la manzana agria del canasto. No faltará, sin embargo, quien te pueda orientar sobre las cosas que irán sucediendo a lo largo del curso.

El resto del departamento, por lo general, no va tan liado con temas administrativos. Salvo por las tutorías, que raro es el que se salva, y los informes de ACIS, los grupos plurilingües, las horas de refuerzo, las salidas educativas, los seguimientos de programación… En realidad, van todos de culo, pero siempre habrá alguien lo bastante amable para apiadarse de ti, que a esas alturas ya te estarás preguntando quién puñetas te mandaba meterte en estos berenjenales, y para qué te has tenido que estudiar 70 temas en las oposiciones, si los de 3º de la ESO siguen contando con los dedos, o los de 2º te contestan con un "¿lo qué?".

Es prioridad completa y absoluta el desarrollar cierta independencia a la hora de moverse en este ámbito profesional. Y del mismo modo que cuando programas un viaje, te aseguras de encontrar la ruta más corta y rápida, evitando tramos propensos a los atascos y accidentes, acabarás desarrollando un GPS interior que te ayude a detectar a los compañeros que te pueden ayudar, y a aquellos a los que es mejor evitar porque, evidentemente, no son muy amigos de echar cables a nadie. Siempre se nos ha acusado de ser una profesión bastante corporativista, que tendemos a hacer falange espartana y ayudarnos unos a otros, pero hay que reconocer que también tenemos nuestros garbanzos negros en plantilla. Siempre dispuestos a lanzar la pullita hiriente, el comentario desagradable y despectivo, y a dejar la estela a prepotencia y olor a azufre por doquiera que pasan. Detéctalos, apúntate quiénes son y, por tu bien, evítalos.

LA PRIMERA EVALUACIÓN

Bueno, pues llega el momento de entrar al aula. ¡Que empiece el show!

Es muy posible que hayas oído antes la máxima de "Sólo tienes una oportunidad para crear una buena primera impresión". Como en el ajedrez, los dos o tres primeros movimientos que realizas determinan la evolución de la partida. Si te lanzas a "quemar" peones a lo kamikaze, en una huida desbocada hacia adelante, te vas a estampar contra la realidad más temprano que tarde. "Arrancada de caballo, parada de burro", métetelo en la cabeza. Si, por el contrario, te quedas enrocado en tu mesa como si tuvieses miedo, es casi peor.

Tras leer el capítulo "Tipos de profes" ya intuyes tu estilo de enseñanza. Lo sensato no sería entrar el primer día a un aula como si aquello fuese una romería, cantando y dando saltos y piruetas. Igual piensas que eso va a transmitir una imagen rompedora, que contagia dinamismo y juventud, porque te quieres diferenciar de los patrones apolillados del docente tradicional y tú eres más del colegueo, de tratar a tus alumnos como si esto fuese "Sonrisas y lágrimas". ¡Venga esa guitarra ahí!

Voy a intentar explicarte en un párrafo enjuto por qué eso es un error: con los alumnos, ganar terreno cuesta la misma vida (espérate a estar unos 10 años en la docencia, y compara fotos del antes y el después), y cada centímetro que pierdes, cada concesión lúdico-festiva que hagas sin que sea en contraprestación por algo obtenido, va a sentar un peligrosísimo precedente. Puedes pensar que tus chavales no podrían ni memorizar lo que escribas por la parte de detrás de un sello; pero te sorprenderás cuando empiecen a soltar datos de cuándo y bajo qué circunstancias te apeaste de tu plan para hacer una gracieta. Vuelve un par de páginas atrás, a lo de "CONOCE A TUS ALUMNOS", anda...

Entonces, ¿es mejor –o más recomendable- entrar en el aula el primer día como si fueses un tiburón blanco intentando zamparse un banco de arenques? No confundas "miedo" y "respeto". Todos aspiramos a que los alumnos nos respeten, pero por desgracia eso es algo complicado y que se gana con el día a día, y un proceder casi inmaculado. Siempre, claro está, que los resultados acompañen a sus expectativas, porque si no pasas a ser "el cabrón de + asignatura que impartes". Pero si a lo que aspiras es a que te teman, porque piensas que con eso no te van a hacer ninguna jugarreta y estarán dóciles y manejables en clase, lamento decirte que te has equivocado de profesión. Ve y oposita a inspector de hacienda, o incluso afíliate a algún partido político, medra y asciende hasta conseguir un cargo. Y sé muy corrupto, y todo lo déspota y tirano que puedas. Bastante se ha educado ya mediante el miedo en este país, so dinosaurio.

Lo suyo es entrar con paso firme pero sonriente, dejar los bártulos sobre la mesa con contundencia y otear al fondo de la clase con mirada seria. Cuando el jaleo disminuya (échale unos 15 – 20 segundos), empieza a explicar quién eres, qué asignatura vas a dar (aunque no te lo creas, hay mucho despistado), de qué va a ir tu asignatura, cómo vas a tratar los contenidos y cómo vas a evaluar. Todo eso has de hacerlo ahora, que todavía no te conocen y están en fase de "observación", con los ojos clavados en ti (normalmente) y las orejas prestándote atención. Esa información es vital que la sepan, por lo que no descartes entregarles por escrito los criterios de evaluación con un acuse de recibo (yo lo hago), para que los padres luego no puedan decir que no les has informado. Insisto: va a parecerte algo exagerado, pero verás cómo a finales de la segunda evaluación, o incluso en la final, lo agradeces.

¿Qué va a ser lo más difícil de este primer año y primeros días? Curiosamente ya has hecho lo más difícil, que es romper el hielo en el aula. Como ya tendrás los libros de texto y, por tanto, los contenidos a impartir (supuestamente, el libro entero), te voy a contar el truco para acabar **siempre** los contenidos, e incluso que sobre una semanita para repasar.

Lo más complicado los primeros años es **programarse**. Se supone que, si ya estás dentro de un centro educativo y dispuesto a ejercer de docente, es algo que ya sabes hacer, porque en las oposiciones habrás tenido que hacer la programación de unas unidades didácticas, con todos los elementos que te pidiesen. Pero también puede que hayas entrado mediante una bolsa extraordinaria (cuando la Consejería se queda sin profesores de una materia a mitad de curso y ha de buscarlos urgentemente), o incluso que estés en un centro concertado o privado. El truco es que en una programación estás calculando algo parecido a una velocidad.

$$\text{velocidad} = \frac{\text{espacio}}{\text{tiempo}}$$

$$\text{programación} = \frac{\text{contenido}}{\text{tiempo}}$$

Si velocidad es igual a espacio partido por tiempo, en la programación calcularás "contenido partido por tiempo". Podría decirse que vas a trabajar con "información por mes", en vez de kilómetros por hora, porque básicamente el manejo de las unidades es el mismo.

Coge el material que vayas a usar en tus clases. Normalmente el libro de texto, o el material que hayas decidido o te hayan dejado impartir. Ahora, y siempre según mandato departamental, mira de cuántos temas se compone el material, y cuántos han de darse como mínimo. ESE es tu "umbral de enseñanza". Una vez acabe la tercera evaluación, tendrás que haber impartido todo ese tocho *como mínimo*. Subrayo y pongo en cursiva lo de "como mínimo" por un simple motivo. Muchos de los compañeros que tendrás a lo largo de tu (espero) dilatada carrera docente se quejarán reiteradas veces del bajo nivel de sus alumnos, de sus lagunas de conocimientos, de lo poco que trabajan, de la poca calidad de sus tareas… Si fuesen todos sinceros y honrados –que ya te aviso que no es el caso, aunque algunos tampoco se sonrojarán en admitir su desidia-, les podrías preguntar cuánto temario han dado y te sorprendería ver en qué punto se han quedado: La inmensa mayoría, con suerte, llega al 80% del temario establecido. Algunos –bastantes- se conforman con algo entre el 50 y el 60%.

Supongo que, a estas alturas, tendrás nociones de qué leyes regulan nuestra actividad. Básicamente, el BOE que recoge el Real Decreto de Enseñanzas Mínimas, y que te proporciona un marco legal, que luego ya perfilan las distintas comunidades autónomas. Pues atento a la jugada: si de los contenidos mínimos que establece el Real Decreto, tu departamento decide –siendo optimistas, va- que se imparta el 100%, pero por motivos diversos (grupo complicado, poca habilidad para zafarse de las trampas dialécticas de los alumnos, problemas de salud…), resulta que cierto profesor sólo imparte el 70% del temario, una vez llegada la evaluación de junio te encontrarás con una tercera parte del temario que no se ha visto. "Bueno, ¿qué le vamos a hacer?" – puedes pensar. Imagina ahora que vas a la farmacia a comprar un medicamento, pero el farmacéutico –que podría perfectamente dispensarte lo que pone en la receta-, te da ese medicamento, pero un 30% menos de dosis. Y por supuesto, te cobra el importe íntegro. ¿Qué va a pasar cuando te lo tomes? Seguramente ni te enterarás, pero a la larga tu salud se va a resentir.

Con los contenidos pasa otro tanto. Esos dos, tres o cuatro temas que no se dan ese año, se van arrastrando y acumulando a los temas que no se dan en años posteriores. Cuando acaba la etapa educativa, te puedes encontrar fácilmente con que tu alumnado lleva un curso y pico de retraso acumulado, en el caso de las asignaturas que son "globalizadoras", o que hay áreas de conocimiento que nunca se han visto (sería el caso de la geometría o la estadística en matemáticas, los climogramas en geografía e historia...).

Por tanto, coge el material íntegro que tengas que impartir. Ya buscarás cómo, eso es otro tema. Ahora, busca un calendario del curso. Y vamos a contar cuántos días efectivos de clase tienes. Verás que una cosa son los días "naturales", otra los días "lectivos", y otra muy distinta los días "efectivos".

Habitualmente, el curso lectivo comienza alrededor del 10 de septiembre y concluye con la entrega de notas de junio, sobre el 20. Eso son 9 meses y 10 días de promedio, unos 280 días naturales. Descuenta los sábados y domingos, y ya tienes 200 días "lectivos". Descuenta las dos semanas de navidad, los días de semana santa y los puentes que puedan montarse. Te quedan unos 180 días "efectivos", aproximadamente. Esto puede parecer una invitación a que nos critiquen –y mucho- por la cantidad de vacaciones que tenemos, pero ahora piensa una cosa. En esos 180 días has de impartir TODO ese temario.

La solución es bastante obvia... esos 180 días, que vienen divididos en 3 trimestres (no, guarda la calculadora del móvil, por favor…), nos dan un promedio de 60 días lectivos por trimestre, aunque en realidad el primer trimestre siempre es algo más largo, y el segundo algo más corto que el tercero. Por tanto, divide tus contenidos por trimestres, y modula la velocidad a la que das clase y trabajas los contenidos para que antes de cada evaluación te haya dado tiempo a hacer un par de exámenes, un par de trabajos, y alguna actividad que te guste. Hay materias, como la lengua extranjera, que no se complican en exceso, y los libros de texto ya vienen con 9 temas que corresponden a los 9 meses lectivos, con lo que nos lo dan en bandeja. En el segundo centro donde trabajé haciendo sustituciones, me tocó empezar el libro de texto ¡a finales de marzo! Mi sustituido se había dedicado a torpedear al centro porque le dieron unos grupos malísimos, y empezó a enlazar bajas, a no ir al trabajo, o ir y no hacer nada. Ni que decir tiene que si yo, un novato como lo puedes ser tú, pude pulirme un libro de texto íntegro en tres meses, se puede dar perfectamente el libro entero a lo largo de nueve meses. Otra cosa es que quieras y que los alumnos te lo permitan.

MÉTODO DE TRABAJO

Esto no sólo va por ti que, desde luego, necesitas ser metódico y constante para asegurarte de cubrir todo lo que dices en la programación que vas a cubrir. También va por tus alumnos, y es lo que normalmente no han tenido: un hábito de trabajo y constancia.

Según en qué comunidad autónoma residas y trabajes, la Consejería de Educación llevará adscritas otras áreas ("Educación, Juventud y Deporte" en Madrid, "Educación y Cultura" en Extremadura, "Educación, Investigación, Cultura y Deporte" en la Comunidad Valenciana, o "Educación", a secas, en Andalucía), que además van cambiando con el tiempo o con la composición ideológica de los distintos gobiernos. Eso ya te puede dar una idea que has de tener clarita desde el principio: Educar no es sólo transmitir conocimientos teóricos. Y, criticando un poco el nombre que recibe en Madrid la Consejería, no es patrimonio exclusivo de la juventud. "Está el viejo muriendo y sigue aprendiendo", dice la expresión popular. Así que, teniendo un ojo sobre el temario y otro sobre tu clase, tendrás que asegurarte que ambos progresan a un ritmo adecuado a lo largo de los trimestres. Dando todo (lo que puedas) el temario, pero también enriqueciéndolo con casos prácticos, chascarrillos, y cualquier recurso que haga que se "trague" todo mejor.

El primer mes de clase es crucial, como ya vimos en el libro anterior. Necesitarás desarrollar una especie de sexto sentido para anticiparte a los posibles problemas. Con los años, y posiblemente con una paternidad / maternidad a tus espaldas, te podrás reír a placer del Sr. Miyagi cuando cazaba moscas con palillos de bambú, y de los Jedis que notaban perturbaciones en la fuerza cuando iba a pasar algo. Es imprescindible no caer en la categoría de "dictador", pero tampoco en la de "pasota". Normalmente, los dictadores caen mal a los alumnos y acaban peor, y a los pasotas no se les toma en serio. Es imprescindible no perder de vista que estás tratando con personas que serán los futuros ciudadanos del país, por lo que conviene esmerarse en su formación para evitar tener que lamentarse en un futuro no muy lejano.

Es por eso que te voy a proponer el siguiente método de trabajo. Con el tiempo lo irás modificando, porque cada año es distinto al anterior, y cada grupo es distinto a los otros, pero como orientación te valdrá.

EL PRIMER MES

El primer mes ya hemos visto que es crítico. Van a ser 4 semanas de pulso constante, y normalmente lo que hayas conseguido hasta ahí será lo que tendrás para el resto del curso, aunque ocasionalmente se puede perder o ganar algo de terreno, pero tampoco demasiado. En estas primeras semanas es donde has de hacerte un pequeño organigrama de qué tienes en cada clase: alumnos "dominantes", alumnos pasivos, alumnos que van de graciosillos... también notarás si alguno se queda sistemáticamente apartado del resto, o quiénes están siempre en el epicentro de todos los jaleos. No tengas reparo en dedicarle incluso un par de clases a este tema, porque los problemas organizativos hay que afrontarlos al principio, y no cuando la máquina va rodando ya, en cuyo caso se pierde mucho el ritmo.

Para ello, el primer día hay que salvaguardarse las espaldas: hay que entregarles por escrito los criterios de evaluación. Qué porcentaje de nota final suponen los exámenes, el comportamiento, el trabajo en casa y clase... cómo se han de justificar las ausencias a clase, en especial cuando coincide con un día de examen, y cómo recuperar la asignatura en caso de que se suspenda. Toda esa información, por escrito y con una parte para que los padres se den por informados y que te habrán de devolver firmada. Ese papelito, guárdalo como oro en paño, porque suele hacerte falta cuando hay alguna evaluación.

El segundo día de clase se pone un examen a traición. No es que los profesores seamos unos sádicos (o puede que sólo un poco), pero es la única forma de sondear los conocimientos del alumnado sin "interferencias" no deseadas: chuletas, padres caldosos que se ponen a repasar el día anterior, academias que les ofrecen un modelo de examen... El equivalente educativo de hacerse un análisis de glucosa en sangre nada más levantarse: **conocimiento basal**. Tampoco hace falta que te lo curres mucho, simplemente bastará con cubrir los conocimientos que se suponen adquiridos desde el curso anterior. Ahí vas a observar dos cosas: 1) que el verano parece que les ha formateado el cerebro y se lo ha dejado en valores de fábrica, y 2) que esos conocimientos del año pasado... consolidados, lo que se dice consolidados, no estaban.

Enseñar no sólo implica transmitir conocimientos, sino actitudes y estrategias para enfrentarse a lo inesperado. ¿Y acaso hay algo más inesperado que un examen sorpresa?

Mi consejo es que guardes bien esos resultados, al menos durante la primera evaluación. Ahora ya sabes de lo que son capaces sin estudiar, y pillados con la guardia baja. Y sin chuletas, te recuerdo… En teoría, después de explicarles un tema, trabajarlo y estudiarlo, los resultados han de ser sustancialmente mejores. ¿Verdad?

Después de ese primer día de contacto en el que has ido de simpático (puede que lo hayas conseguido, incluso), y de esa puñalada trapera del examen "sorpresa", los alumnos ya se habrán dado cuenta de qué palo vas, e incluso habrán identificado algún que otro punto flaco tuyo. Esta es una importante lección, tanto para ellos en su formación como para ti en tu adquisición de experiencia.

Una vez cogida la marcha de lo que son las clases, te darás cuenta de una cosa: El primer trimestre se hace eterno. Esto es así, no me lo invento, y puedes usarlo como "rompehielos" para entablar conversaciones con tus compañeros, quedando como una persona curtida en el mundo docente. Y se debe básicamente a lo siguiente:

1. Desde que empieza el trimestre (septiembre) hasta que pones las notas (finales de diciembre), has estado en marcha CUATRO meses, no tres.

2. Cuando los grupos, los alumnos, las materias… la propia experiencia, es novedosa, el cerebro no utiliza sus mecanismos de automatizar tareas (el llamado "piloto automático"), y ha de prestar atención a cada detalle de cada proceso. Las hojas del calendario parecen no querer caerse y el segundero de tu reloj estará como pegado con cianocrilato a la esfera de éste.

LA SEGUNDA EVALUACIÓN

Esta es la evaluación más breve. El parón de Navidades es una losa porque te inhabilita las sesiones anteriores a las vacaciones y porque los alumnos vienen reseteados con el año nuevo, así que toca perder valiosas sesiones recuperando los hábitos de estudio. Pasado febrero se acaba, no te duermas en los laureles.

Aparte de la jugada del calendario, ojo a los viajes a la nieve que suelen crecer en estas fechas. Te van a dejar la clase sin dos o tres alumnos, pero tú no te detengas. Que recuperen las sesiones estudiando en casa. Podrías perder una valiosa semana que luego te obligaría a apelotonar exámenes y tareas consecutivamente.

LA TERCERA EVALUACIÓN

Aquí se juega todo. El alumno conflictivo ya sabe que se va acercando al abismo y el que es bueno va a bajar el pedal del acelerador viendo que se aleja el peligro. Esto aboca a que el nivel de conflictividad sea máximo.

Es importante iniciar con un buen repaso del temario que falta por impartir, no sea que te encuentres con junio y te quedes a medias. En muchas asignaturas, la tercera evaluación es la que recupera todo. Pasándola, se aprueba, da igual lo que haya pasado antes. Por un lado tiene sentido, ya que es la más completa y se necesitan los conocimientos de meses pasados. Por el otro, los alumnos creen que con hacer un mínimo esfuerzo en este periodo van a pasar de curso. Ojito con los profesionales del último esfuerzo que luego te los encuentras en bachillerato llorándote por las notas.

Este trimestre "vuelve a casa, vuelve" uno de nuestros peores enemigos: el calor extremo. Yo recomiendo dejar de impartir nueva materia en mayo, para así sobrellevar junio con tranquilidad. Esto no implica hacer el examen pronto y dejarlos sin nada que hacer. El truco es empezar con repasos, actividades grupales y cualquier otra tarea de esas lúdicas que quedan tan bien en las programaciones de las oposiciones. Sólo cuando se acerque la evaluación, haces el examen final y ya te despreocupas. De esta manera, tendrás a los alumnos entretenidos y tú ya puedes poner una nota cuasi definitiva. Te irás en un punto arriba o abajo dependiendo de tu piedad y de su comportamiento durante junio.

Firma de actas y despedida.

13. ¿QUÉ ES UNA SESIÓN DE EVALUACIÓN?

Si eres tutor, a pringar. Si eres profesor, a bostezar.

¿Cómo funciona una sesión de evaluación siendo tutor? No te lo va a explicar nadie, así que antes de que el día fatídico te des cuenta de que estás más perdido que Spiderman en un descampado, léete esta guía.

Previamente al inicio de sesión, hay que repartir las fotocopias de las actas entre los profes asistentes. Las actas están disponibles el mismo día por la mañana, así que vas a tener que hacer un *tour de force* para dar tus clases y encontrar un hueco para imprimirlas. Haz siempre alguna copia de más por si te has equivocado al fotocopiar o hay alguien que destruye por error alguna (la típica persona adicta al café/infusiones que no sabe llevar una taza sin dejar rastro). Esas actas sirven para que, mientras se espera a los que faltan, se puedan ir revisando las notas por si falta alguna o hay modificaciones.

Con las actas en mano, toca hacer un análisis de estas. Espero que atendieras en clase el día en que explicaron cómo sacar los porcentajes. Toma un rotulador y ve alumno por alumno destacando las asignaturas suspensas y anotando el número en un lateral. Luego realiza un cálculo de cuántos alumnos aprueban todo (spoiler: son pocos en la primera evaluación y luego su número aumenta cual milagro de los panes y los peces), los que suspenden una, dos, tres o más. Con estos datos toca ver el porcentaje de aprobados por asignatura (Otro spoiler: nunca, nadie ha suspendido religión en la evaluación final, recuérdalo cuando te estés devanando los sesos para hacer un examen final de recuperación de curso para esos alumnos que han trabajado menos que los intermitentes de un tren).

En algunos centros, antes de que hablen los profesores aparecen los representantes de los alumnos. Una intervención que sólo sirve para quedar bien de cara al consejo escolar. Primero porque los delegados no son realmente una fuerza de cambio dentro del aula y segundo porque las propuestas que hagan siempre van a ser las mismas. Es muy de profesor novato permitir que trasladen lo que comentan los alumnos directamente y sin filtros. Dar voz a los alumnos sin cocinar lo que van a decir sólo te va a traer problemas con los profesores aun cuando tengan toda la razón del mundo. A nadie le gusta que le digan que es un incompetente, borracho o libidinoso delante de todos los compañeros. Y es una lástima porque debería ser posible hacerlo, pero la experiencia nos dice que esos temas son jurisdicción del equipo directivo. Si hay un compañero que se está columpiando en sus clases, reúnete con dirección y que actúen, no dejes el tema para que lo digan los alumnos porque van a quedar muy mal y el profesor en cuestión se vengará.

La intervención se prepara en las horas de tutoría. Primero se hace una batería de preguntas casi estandarizada y los alumnos las contestan de modo individual. Pregunta al departamento de orientación si tiene alguna ya preparada de otros cursos. Se comentan globalmente, sin decir nombres y, con esos datos, el delegado recoge las propuestas que va a leer durante su momento estrella del trimestre.

Es tan repetitivo lo que van a decir los alumnos que cabe destacar el caso de un tutor al que faltó el delegado en la sesión de evaluación. Lamentablemente, el delegado tenía en su poder la hoja-resumen del trimestre (por eso es aconsejable que te quedes tú esa hoja). Pues bien, en cinco minutos, el tutor recreó la hoja sin pensarlo dos veces. Fue tan estándar que dio el pego y aquí la reproduzco:

"Buenas tardes, soy Perico de Tal, delegado del grupo cual y vengo a comentar cómo ha sido este trimestre. Sabemos que somos un grupo hablador, que muchas veces no atendemos a las explicaciones de los profesores, pero consideramos que en general somos un buen grupo. No hay discriminados entre nosotros y tratamos de ayudar a los demás. A los profesores les pedimos que den más tiempo para preparar los exámenes y prometemos esforzarnos más el próximo trimestre para mejorar. Muchas gracias y espero vuestras propuestas."

Básicamente: saludo - que malos somos - queremos mejorar - alguna pulla a los profes - agradecimientos.

Nada más acabar, los alumnos y el tutor quedan a disposición de los profesores, que hacen eco de lo mismo que han dicho los alumnos. Algún profesor aprovecha para quejarse del grupo y ya. Si las cosas se salen de madre, los profesores aprovecharán para dar más cera que en un lavacoches y los alumnos responderán a mala leche.

Una vez se hayan marchado los delegados, es el momento del tutor de dar unas leves indicaciones globales de cómo ve al grupo y toca analizar los resultados académicos individualmente. Consejo de amigo: corta las intervenciones de los profesores rolleros y ve al grano. Alumno con todo aprobado dices "lo felicitaremos" y pasas. Si dejas margen para que intervengan, hay gente que no tiene ni perro que le ladre y aprovechará para contarte cualquier anécdota intrascendente.

Siempre hay modificaciones de notas, ya sea por pena, por error o por contagio. Por pena las personas que suben notas porque esperaban que les entregasen alguna actividad extra que no va a llegar nunca. Por error los despistados que no aciertan su contraseña sin ponerla tres veces. Y por contagio los que miran las notas que han puesto los otros profes y les da reparo no estar en la media.

Tipos de profes en una sesión de evaluación:
- El que inicia un rumor con un "creo que".
- El que sabe un tema personal del alumno y empieza a contarlo vagamente para influenciar positivamente al resto del profesorado, pero nunca te explica nada en concreto.

- El que interviene siempre con un chistecito.
- El que odia a ese grupo y, en vez de apuntarse a crossfit, quiere desfogarse.
- El silencioso, nunca interviene (Seguramente, ha leído este manual y sabe que es la mejor opción. Buena gente).
- El que está ahí porque le toca la evaluación siguiente y no tiene nada que hacer o es un cotilla.

Ya toca divertirse un poco. El juego que se propone a continuación va a ser el rey de tus grupos de redes sociales y aportará mucha vidilla a tu rutina. Se trata de "El bingo de las evaluaciones^{tm}".

El juego consiste en repartir unas tarjetas entre los participantes a una sesión de evaluación. No hace falta darlas físicamente, puedes compartir la foto por internet. El único requisito es que los que las reciban sean personas de confianza y estén dispuestos a darle una vuelta de tuerca a una tarde supermonótona. El resto de compañeros no debe saber nada de vuestras intenciones. En cada tarjeta hay frases tan trilladas y habituales que es posible que se usen todas en una sola hora. La primera persona que oiga todas las frases en su tarjeta gana un premio simbólico y puede comunicarlo en un grupo de redes sociales para no armar jaleo, ¡Feliz partida!

Alternativamente, en sesiones online se puede jugar a beber chupitos cada vez que alguien diga una de las frases que tienes en la tarjeta de juego. Sólo para colegas muy cercanos, aviso.

Falta mucho	Siempre llega con retraso	Su hermano/a era igual	Notas muy bajas y quiere ir a la universidad
Tiene mil cosas en la cabeza	Puede hacer más	En la mía va justo	No trae justificantes

Va a peor	Ha hecho esto toda la secundaria	A mí me ha bajado	Tengo que ir tras él/ella para que entregue los trabajos
Su libreta es un desastre	Tiene mil cosas en la cabeza	Sus exámenes son de pena	Falta de comprensión lectora

El año que viene lo pasará mal	No está motivado/a	Desde que tiene pareja, ha cambiado	Ese 5 no es un cinco. Lo apruebo porque me da la gana
Cuesta entender su letra	Todo lleno de faltas de ortografía	Falta mucho	Siempre llega con retraso

¿Os acordáis de su hermano/a?	Tiene un cuatro, pero fácilmente sería un uno	Tiene problemas en casa	Está pasando por una mala racha
Ha hecho esto toda la secundaria	A mí me ha bajado	Tengo que ir tras él/ella para que entregue las tareas	Esto hay que preverlo para el año que viene

El año que viene lo pasará mal	No está motivado/a	Desde que tiene pareja, ha cambiado	Quiere ser como tal pero no llega
se cree que sabe más de lo que realmente sabe	mira, ponle un cinco en mi asignatura	¿Habéis hablado con la madre?	A mí me ha bajado

Le ha influido su grupo	Apruébale la mía para que tenga menos suspensas	Pues será en la tuya, a mí no me trabaja	Tiene esa nota por la actitud
No me ha entregado la libreta	Pues vamos a tener que votar si pasa o no	Hay que cambiarlo de sitio en clase	Nunca viene a primera hora

Me ha dicho que se va a cambiar de centro	Lo que necesita es centrarse y hábitos de estudio	Será en la tuya, porque en la mía, todo lo contrario	¿Cómo iba en Primaria?
Viene a clase con los ojos rojos	Posible TDAH	Yo, lo que diga la mayoría	Hay que motivarlo

Le pasa algo fuerte pero no puedo contarlo	¿Tenía adaptación?	No es falta de capacidad	Habrá que felicitarlo, ¿no?
Ya estaréis todos al corriente	Si le apruebas, yo lo apruebo	Si este año ya ha ido justo, no me puedo imaginar el siguiente	Hay que destruir este grupito

Al llegar al último alumno, toca agradecer a los compañeros el trabajo que están haciendo con este grupo tan difícil y dar la palabra al representante del equipo directivo. Si no tiene nada más que aportar, se recogen las actas firmadas y se da por concluida la sesión. Misión cumplida y a por la siguiente sesión, a ver si puedes irte a casa de una vez.

Más ajetreada es la sesión de evaluación de final de curso, donde se vota quién pasa y quién repite curso. Aquí vas a descubrir que hay compañeros cuya opinión vale el doble que la tuya. Quizá pensabas que ese alumno con 6 asignaturas suspensas iba a repetir igual que el que tiene 4 pero no, vas desencaminado. Si el macho/ hembra alfa se ha propuesto que tal alumno va a pasar, acabará pasando. Tras una perorata impresionante, los compañeros más débiles van a ir aprobándole sus asignaturas hasta que llegue al límite en el que hay que debatir. Que digo yo, que para qué hacen exámenes y corrigen ejercicios durante el curso si luego cambian de parecer más que una veleta. En este momento intervendrá el departamento de orientación para apoyar el avance del alumno. Es de cajón que un alumno con muchas asignaturas a la espalda esconde algún tipo de problema. Pero curiosamente todos acaban detectándolo cuando ya no hay margen para la mejora.

Aquí el rol del tutor es tratar de dirigir la atención y que se respeten los turnos de palabra, pero será complicado calmar al alfa. Va con un plan preconcebido y no admitirá otra cosa. Nuestro consejo es que no te calientes la sangre. Vota lo que quieras, pero si no estás en la mayoría buena (la del alfa) pues más suerte la próxima vez. Es una tontería tomarlo como una afrenta personal.

En 2º ESO y en 4º ESO hay que rellenar un informe de evaluación. Es la aplicación de las competencias clave, pero en la práctica seguimos resumiendo toda la palabrería en un número.

Este concepto de las competencias aplicadas al aula viene de bastante atrás y habiendo asistido a unas 400 horas de cursos sobre el tema, siempre hemos acabado como el Titanic, golpeándonos contra lo evidente. La idea es interesante, en vez de dar una nota a cada alumno por su resultado en exámenes y trabajos, se desglosa en competencias y así se pueden ver los puntos fuertes y débiles de cada alumno. Es un sistema que se puede usar en infantil y primaria pero que choca con la realidad en secundaria y bachillerato. En un ciclo formativo, pongamos uno de automoción, siempre hay un número limitado de plazas. Y es por una buena razón. Quizá no haya suficiente material: motores, baterías eléctricas, herramientas o sea un mero tema de espacio. Una vez llegado a un cupo no cabe más gente. Habiendo una demanda mayor de la oferta, hay que ordenar a los demandantes en base a algo. En estos casos, los informes no cumplen su función. Y volvemos a buscar las notas.

Respecto a los informes que se redactan en las sesiones de evaluación, la práctica nos ha enseñado a hacer el camino inverso. Partiendo de una nota, se rellena la competencia. El estándar es el siguiente: de 5 a 6,9 es un nivel bajo de adquisición de la competencia. Entre 7 y 8,9, se considera medio. Y de 9 a 10, alto.

Las competencias son interasignaturales así que se suele hacer la media. Por ejemplo, la competencia lingüística suma la lengua extranjera, segunda lengua extranjera, la de cada comunidad (si la hubiera) y la castellana. Lo mismo ocurre con las otras competencias.

El informe es importante porque hay que entregarlo al hacer la matrícula en bachillerato o un ciclo. Como ya hemos comentado, los alumnos desconocen la importancia de este documento o, sencillamente, lo ignoran.

Siguiendo la tónica habitual, que se acabe pronto esa faena y a casa. Eso sí, no olvides agradecer al resto de los compañeros su implicación durante el curso, algo que siempre levanta el ánimo del resto del claustro.

14. VIAJES Y EXCURSIONES

Ya tocamos este tema en su momento, pero por motivos de espacio no lo pudimos desarrollar. ¡Y eso que es un tema que tiene mucha miga!

Si los profesores ya de por sí tenemos mala fama entre la sociedad por nuestros "envidiables horarios", lo "fácil que es jugar con plastilina", y "tres meses de vacaciones", que se preparen los cuñados tocanarices con lo que vamos a soltar aquí: ¡También nos vamos de viaje pagado con nuestros alumnos!

Definamos el concepto "irse de viaje". Hay tres tipos de desplazamiento que un docente puede hacer con sus alumnos, y hemos decidido ordenarlos por duración (creciente).

En primer lugar, tenemos las excursiones de un día. Técnicamente hablando, se consideran actividades lectivas, porque las organiza siempre algún departamento docente, están recogidas en la Programación General Anual del centro, aprobadas en claustro y consejo escolar, y no son un capricho turístico, sino que atienden a aspectos curriculares de una o varias asignaturas. Sería el caso de visitas al teatro (actividad estrella de los departamentos de inglés y lengua española), a museos (educación plástica), o al campo (biología, geología y educación física). Estas excursiones suelen ir capitaneadas por el profesor que imparte la materia, un profesor de apoyo y un puñado de alumnos. Si el número de éstos rebasa los 20, es necesario otro profesor, y tiene su lógica: si dentro del aula, que es un terreno que controlas, cuesta conducir a 25 alumnos de promedio, ¿te imaginas lo que puede ser coger un transbordo de metro, o visitar el casco histórico de una ciudad con ellos? ¿Y si uno se pone enfermo o es detenido por la policía? Exacto, una locura. Por eso el profesor encargado suele buscar a un profesor ayudante que le haga el trago más llevadero. Si alguna vez eres tú el "capitán de expedición", aquí va un consejo de oro: busca alguien que también le de clase a ese grupo, porque ya se conocerá los nombres, las interacciones entre alumnos, y se podrá incluso anticipar a sus fechorías. Y, además, podrá usar la amenaza del suspenso como arma arrojadiza.

En segundo lugar, tenemos las excursiones o viajes que duran al menos un par de días. No son muy habituales, pero suelen estar relacionadas con desplazamientos por carretera a ciudades que están a más de 350 kilómetros, viajes a la nieve, multiaventuras, campamentos de idiomas y cosas así. Aunque la finalidad es parecida al anterior tipo de excursión, y hay un propósito didáctico (se aprende más viendo *in situ* las cosas que simplemente escuchando en clase), el tema cambia cuando ya hay que pernoctar fuera de casa. Si el mero concepto "pernoctar fuera de casa rodeado de alumnos" te ha dado un ligero cosquilleo en la cabeza, una de dos: o tienes un sexto sentido que te permite detectar los problemas, o lo que vamos a contar ahora ya lo has vivido en tus carnes morenas.

Supongamos que has decidido llevarte a un grupo de unos 30 alumnos (ya vas a necesitar otro profesor acompañante) a un viaje de tres días por Castilla-La Mancha a hacer la ruta del Quijote. Evidentemente el medio de transporte que usareis es un autobús fletado a tal efecto, posiblemente de 45 plazas (por precio, agilidad de movimiento y confort) y, evidentemente, no sale gratis. Así que vamos a ver si adivinas cuál será tu primer quebradero de cabeza (márcalo en lápiz con una "X")

[ ]. Organizar cómo se van a sentar en el autobús
[ ]. Organizar cómo se repartirán las habitaciones del hotel
[ ]. Organizar una lista de quién ha pagado y quién no
[ ]. Asegurarse de que nadie la líe parda

Bueno, por no alargar mucho la cosa, y aunque todas las opciones parecen muy lógicas, la más importante de todas es la tercera. Simple y llanamente porque da igual el tiempo que les des para que te confirmen que van a ir a dicho viaje, como si lo quieres hacer de un curso para otro: habrá un 10% que te traerá la autorización firmada por los padres y el dinero la primera semana, por capilaridad durante la siguiente semana te lo traerá otro 10%, y luego vendrán varias oleadas y un goteo de alumnos que han perdido la autorización, han pagado, pero no tienen el justificante, y mil situaciones imposibles de predecir. Pero puedes estar seguro de que estarás poniendo el pie en el autobús y todavía vendrá uno corriendo por la calle, a empellones con la maleta y con el dinero en la mano. En cuanto a las otras opciones, la primera y la segunda es tontería siquiera que te molestes, porque se van a sentar como les dé la real gana. Para el tema de las habitaciones, el único criterio que se respeta a rajatabla es el de que las habitaciones mixtas están prohibidas. Por eso es importante que los chavales vayan SIEMPRE con profesores mixtos que los conocen, y que saben de sus tejemanejes. Es tradicional la típica parejita empalagosa que, en secreto (secreto a voces, queremos decir), tiene alguna cosa preparada para ese par de noches fuera de casa y cerca del otro tortolito. Puede incluso que le echen morro y te pregunten si pueden "visitar" las habitaciones de sus compañeros. La respuesta siempre ha de ser como a la OTAN: "De entrada, no". Y doblar la guardia sobre los sospechosos. Como ya dijimos anteriormente, hay una limitación anatómica muy evidente en los profesores: sólo tenemos dos ojos para atender a grupos de más de 20 alumnos y encima necesitamos descansar. Ellos lo saben, y tratarán de aprovechar su ventaja numérica para, en un descuido, hacer lo que se les ha prohibido expresamente. Igual es buena idea el que, antes del viaje, los padres te firmen un documento que te exima de según qué responsabilidades extra-académicas para con sus hijos. Ahí lo dejo, pero seguro que te pasará como con las autorizaciones, que llegará el día de salida del autobús y aún estarás esperándolas.

En tercer lugar, finalmente, el auténtico *tour de force*: los viajes de más de 5 días.

Para meterte en semejante jardín, una de dos: o conoces muy bien tanto a los alumnos que te llevas como el lugar y vas a pasarlo bien, o te lo han vendido muy bien. Hasta el cuarto día, más o menos, los chicos están emocionados con el cambio, con el salir con los amigos de viaje, con la nueva experiencia… Si todo va bien, el chorro de adrenalina se mantendrá y el último día se convertirá en tsunami de lágrimas, cuando vean que todo se acaba. Sin embargo, como pasados los primeros días surja alguna complicación, va a aflorar la nostalgia del hogar, de su cama calentita, su PlayStation o la comida de mamá, y las lágrimas las vas a soltar tú.

Tenemos dos tipos de viaje: los educativos a mitad de curso y los de fin de curso.

Los viajes educativos a mitad de curso suelen dar menos dolores de cabeza que los de fin de curso. Normalmente se trata de intercambios o visitas culturales. Se ofrece a los alumnos "buenos" (con nivel avanzado de idioma extranjero, trabajadores y poco folloneros) y se van ocupando las plazas antes de que se cuele algún montapollos. Puntos extra si juegas con la ventaja de que no se pernocta en hotel, sino que los chicos se quedan cada uno con su respectiva familia de intercambio, con lo que a partir de las 5 de la tarde, están controlados individualmente.

¿Chollo? En absoluto. Hasta que el avión vuelve a aterrizar en tu ciudad, el proceso es arduo y requiere de mucha dedicación. A saber:

- Encontrar aproximadamente 15-20 alumnos buenos.
- Que el otro instituto encuentre el mismo número de alumnos, y con la misma cantidad de chicos y chicas que tú. Ahí, siempre se redondea al alza, y el que ha encontrado menos ha de igualarse al otro.
- Crear fichas personales de tus alumnos, que el otro instituto haga lo propio, e intercambiarlas para encontrar parejas com-

patibles, basándose en edad, género, circunstancias familiares, aficiones, personalidad, etc. Si alguna vez has querido jugar a psicólogo policial, es tu momento.

- Negociar fechas del intercambio, tanto propias como de los visitantes. Evita la cercanía de exámenes.
- Encontrar vuelos a buen precio y hacer una estimación del gasto diario.
- Organizar las actividades que harán el "equipo visitante" cuando estén en tu territorio.
- Organizar reuniones informativas con los padres. Prepara dos o tres tardes y avisa en casa que no te esperen a cenar.
- Recoger autorizaciones, pedir el permiso para volar a la Guardia Civil (permiso para que un menor de edad salga de territorio nacional en compañía de un adulto que no es su padre ni su madre), recoger fotocopias del DNI/pasaporte. Llenarás una carpeta clasificadora, así que sé minucioso con el papeleo.
- Ir.
- Sobrevivir. Solucionar los problemas que vayan surgiendo sobre la marcha, que nunca serán cero.
- Volver con el mismo número de alumnos con que te has ido.
- Mientras todo se desarrolla, estar en contacto tanto con los profesores del otro centro como con los padres del tuyo, que tendrán dudas que les inquietan.
- Recibir al "equipo visitante" y que todo salga bien también.

Si convertimos el esfuerzo realizado en horas trabajadas, sale deficitario. Unas 25 horas extra de preparación sin contar las que pasarás en el viaje. En total debe ser como medio sueldo que ofreces gratis a tus alumnos. Por eso es importante atajar las posibles quejas de los padres que tomen estas actividades por sentadas. Que luego bien que van a protestar si se hacen varios años seguidos y, por circunstancias, dejan de realizarse.

El otro tipo de viajes es el de fin de curso/etapa. Aquí tocamos lava ardiendo con las dos manos.

Los viajes de fin de curso son algo que se da por sentado, como si fuese un derecho fundamental recogido en la Constitución, pero que es una deferencia del centro. Muchos de los elementos explicados para los viajes de intercambio se repiten así que vamos a por los elementos nuevos.

La primera batalla viene con la elección del itinerario. Los profesores queremos algo cultural y los alumnos se conforman con barra libre en Villaseca de las Ratas. Es fundamental recomendar que todo lo organice una agencia. Si tienes tutoría, te vas a pasar unas horas bien entretenido con las votaciones y las broncas entre alumnos. Por ejemplo, la elección del destino más caro que se les ofrece, a pesar de hacerles ver que hay alumnos que, por motivos económicos, quedarían excluidos del viaje.

Una vez in situ, espérate la primera jugarreta durante la noche inaugural, cuando la euforia está al máximo. Es de cajón, ellos quieren exprimir cada segundo de ~~libertinaje~~ libertad, y tú tienes que velar por el orden. Da igual que les avises que al día siguiente se van a pegar un pateo salvaje, porque sus hormonas adolescentes están cantando otra canción distinta a la tuya. Es, por tanto, el momento de pasar a medidas contundentes.

El consejo básico es reventarlos a andar (el primer día llevarán todo el día sentados, entre autobuses, aviones y salas de espera, así que estarán todavía frescos) o te van a dejar en vela. Prueba a "equivocarte" varias veces de ruta o llévalos a un monumento famoso para que se hagan su ración de fotos (ya sabemos que un adolescente necesita fotos como un vampiro sangre). Un cuentapasos te puede ayudar para ver el nivel de cansancio.

La guardia en el pasillo es opcional hasta que las cosas se calmen. Coge el móvil y aprovecha para mandar recuerdos a la familia, avisar a los padres y planificar el día siguiente mientras las puertas se abren y se cierran de golpe cual mansión fantasma. Cuando los alumnos entiendan que no pueden salir de juerga, pásale el turno a tu compañero y, cuando veáis tranquilo el panorama, id a poner los pies en remojo, que echarán humo.

Si llevas alumnos problemáticos (grave error, debiste dejarlos en casita), puedes preparar trampas en las puertas cual cazador de alimañas. Con una tira de silicona / pegamento sutilmente colocada, podrás ver a la mañana siguiente si la puerta se abrió o si los inquilinos cumplieron las normas.

En estos viajes es importante realizar un grupo de mensajería instantánea para poder transmitir las órdenes a todos los implicados y poder solucionar los problemas. Al leer "grupo de mensajería instantánea" habréis pensado en una marca: *WhatsApp*. No lo recomiendo. Haciendo un grupo en esa app vais a entregar vuestro número personal a los alumnos, que lo pueden usar para maldades y te va a tocar sufrirlos incluso fuera de horas lectivas. *Wire, Skype, Hangouts, Kik* o *Session* son opciones muy recomendadas para crear el grupo "viaje a los Monegros, IES Casas del cabestro" y destruirlo en cuanto acabe la expedición.

Habrá momentos de relax donde se puede dejar que campen a sus anchas. Antes de soltar la correa, convenid una hora y un lugar para el reencuentro y vigilad que todos vayan acompañados y con batería en el móvil. Recordad que hay que estar alerta ante los robos y desapariciones. Aprovechad para comprar recuerdos o tomar una caña en libertad.

Si hay algo que hay que evitar en estos viajes son los desfases de los alumnos. Ya sea alcohol, mono de tabaco o drogas, cualquier interferencia en la hoja de ruta va a resultar un incordio. Especificadlo a los padres durante la reunión pre-viaje y a los alumnos vía mensajería cada vez que vuestro sexto sentido os alerte. Los que se salten la norma tendrán alguna consecuencia, dependiendo de la fecha del viaje se pueden bajar notas o hasta expulsiones.

El control del dinero no es algo que los alumnos tengan desarrollado. Ante la perspectiva del viaje hay dos tipos de alumnos: el que recibe dinero para que gaste a espuertas y el que va con lo justo. Los dos son las víctimas ideales para los carteristas en cuanto cojan más de una bolsa. El alumno rico va a usar (y mostrar) su cartera cada poco. Ese es el alumno que hay que vigilar por si consigue adquirir el alcohol para la fiesta nocturna.

El mayor castigo que puede haber es devolver a los alumnos a casa vía exprés. Úsese en casos extremos, cuando la policía está interviniendo o en proceso. Llamada a los padres explicando el suceso, refutación de las trolas que su vástago les ha contado ya y petición de que compren billetes de vuelta. Se acompaña al pequeño delincuente al medio de transporte elegido y feliz retorno. Hay que ser contundente ante estas acciones o los alumnos afectados adquieren un halo de idolatría entre el resto, afectando al viaje presente y los futuros.

Una cosa a tener en cuenta es que los días para realizar estos viajes han ido cambiando. Antes, las salidas escolares y las pernoctaciones se realizaban de lunes a viernes, pero ahora es común que los viajes usen los fines de semana. Así que no solo te vas a ir a trabajar varios días fuera de casa, sino que te comerás los días de descanso. Y no hay día extra por volver tarde. Aunque aparezcas a las diez de la noche en tu hogar, al día siguiente toque de diana y a currar a la hora habitual.

Resumiendo, sacar a los alumnos de su hábitat natural implica un gran esfuerzo logístico. Tenlo en mente para esas reuniones de departamento donde algún iluminado viene con la idea de "deberíamos ofrecer acciones fuera de la rutina escolar" pero en realidad quiere que te encargues tú de todo.

15. IDEAS QUE NO ACABARON BIEN

Religión como asignatura

Vaya por delante que no vamos a hablar a favor o en contra de la religión. El tema a tratar es obligar a todo un país a dar una asignatura llamada "religión" y dejar el control de esa asignatura en manos de una empresa privada.

Por "religión" se entiende "religión católica". Las demás religiones, que arreen. En teoría sí se puede dar otra religión, pero hay más trabas que en una escape room. ¿Y los que no quieran dar religión católica? Pues aquí ha habido que inventarse una "asignatura espejo", para rellenar el hueco: valores éticos.

Por usar una analogía, es como si en 1979 se hubiera decidido que existiera una asignatura llamada "deportes" pero en realidad se estudiase fútbol y, más concretamente, la historia del Inter de Milán. Pues aquí lo mismo. El argumento que usarán los acérrimos de "religión (católica)" es que España es un país culturalmente católico (aunque luego las iglesias sólo se pisen en contadísimas ocasiones y celebraciones). La verdad es que, desde 1992, existe un acuerdo por parte del Estado para garantizar a familias judías, islámicas y evangélicas (que así lo solicitasen) el derecho a recibir su enseñanza religiosa en los centros educativos sostenidos con fondos públicos. Siempre que (y aquí está la trampa) el ejercicio de ese derecho no entre en conflicto con el carácter propio del centro. Y otra cosa no sé, pero las religiones son especialistas en montar conflictos con pasmosa facilidad.

Para ser profesor de religión católica se necesitan cuatro requisitos:
A) Una titulación universitaria en Magisterio o Grado de Maestro para Primaria, o una licenciatura para Secundaria. Cualquiera te vale porque total, no la vas a usar...

B) La Declaración Eclesiástica de Idoneidad (DEI) otorgada por la Diócesis a la que corresponda el docente. Aquí ya empiezan las influencias, porque es un título que expide la propia Diócesis y que presupone a su poseedor una recta doctrina y testimonio de vida cristiana.

C) La Declaración Eclesiástica de Competencia Académica (DECA). El impuesto revolucionario que hay que pagar (650€ cursando online, más o menos, aquí las empresas meten más ofertas que en el Black Friday), previo a cursar una serie de asignaturas y un trabajo consistente en la aplicación práctica de éstas.

D) La propuesta del Ordinario Diocesano, que es la recomendación personal del obispo de la Diócesis a la Administración Académica. El enchufe de toda la vida, en formato papel compulsado pero, en vez de trifásico, avalado por la Santísima Trinidad.

Dejando aparte la titulación universitaria, que es un título objetivo, lo demás es un sistema de recomendaciones en plan cacique. Si un profesor quisiera trasladarse a otra provincia tendría que empezar desde cero, mover contactos e influencias y ganarse de nuevo la confianza de un obispado al que no conoce.

Conversando con varios profesores de religión para la creación de este libro, todos nos han comentado lo mismo: el oscurantismo con el que trabaja el arzobispado. Nunca sabes por qué unos profes repiten en el mismo centro, y otros se ven obligados a emigrar a pueblos o a escoger medias jornadas a 150km de sus hogares. No hay una lista oficial, ni manera de saber cómo actúan sus jefes. Por prueba y error, se sabe que los solteros deben ir a donde les toque, los casados con hijos no suelen acabar muy lejos, y los que tienen muchos hijos o pertenecen a ciertas congregaciones van a escoger el centro de trabajo. Parece una especie de concurso de méritos religiosos aplicado a una comisión de servicios, esto es discriminatorio y alejado del funcionamiento de cualquier bolsa, donde se valoran los méritos docentes. Piensa que, mientras tú has tenido que tragar más kilómetros de carretera que los autocares de AutoRes para ir a trabajar y estudiar, renovarte, opositar y hacer cursos extra, hay quien con leer un libro ya tiene la vida solucionada. No son funcionarios ni interinos, pero tienen plaza fija y un sueldo que depende del erario público. Y un "jefe" que, a diferencia del tuyo, sí puede dejarles sin trabajar *per saecula saeculorum*. Amén.

En la asignatura de religión no hay programación de aula, ni se valoran los ACI ni se evalúa por competencias. Normalmente sólo hay un profesor por centro educativo, con lo que no hay discusión sobre qué y cómo se enseña en esa materia: está hueca. Se puede tener un profesor implicado y al curso siguiente uno que sólo ponga películas. Y películas al azar para rellenar horas: "Avatar", "Expediente Warren", "Paranormal Activity" (lo juro), "Soldado universal" o la trilogía de Kieslowski … ¿qué más da? Y si se tercia, descargadas ilegalmente de Internet (hola, séptimo mandamiento, ¿todo bien?). Al final, todos aprobados con nota. No se conocen apenas alumnos que hayan suspendido religión, habiendo pisado el aula. Por eso es común que los alumnos y padres avispados acaben eligiendo esta asignatura para sacar mejores notas y porque, en general, se trabaja entre poco y nada. Precisamente por eso, y como norma general, los profesores de religión han de mantener un peligroso equilibrio entre "tener a los alumnos contentos para que vean que religión no te obliga a trabajar prácticamente" y "que no se me convierta el aula en el zoco de Marrakech, cuando se enteren de que la nota que les pongo no puntúa absolutamente nada".

Habrá quien nos afee que queramos la desaparición de esta asignatura, esgrimiendo la cuestión de qué pasará con los puestos de trabajo de sus profesores. Usaré la analogía de la autopista que rodeaba mi ciudad y que tuve que usar durante muchos años por obligación, desembolsando una considerable cantidad en peajes por su uso. Dicha autopista había acabado su concesión decenas de años atrás, pero se renovó varias veces, con excusas muy peregrinas. Cuando por fin se convirtió en pública, los trabajadores de los peajes estaban indignados. No veían más beneficio que el suyo, en vez del común.

Realmente, lo que es absurdo es universalizar esta asignatura y equipararla a cualquier otra materia. Debería ser opcional para los centros que la deseen ofertar, y que fuera la iglesia, la mezquita, la sinagoga o el templo de Goku Blue el que asumiera el coste. Si quieren impartir sus movidas, que lo paguen sus fieles.

Tablets en las aulas

Nos encaminamos a un mundo tremendamente interconectado y vamos a usar internet para todo. Ya en el lejano año 2009, el gobierno prometió tablets para los alumnos y que iniciaran el cambio del aula tradicional a una más en consonancia con el mundo actual. Yo impartí clase en una de esas aulas y puedo explicar por qué a día de hoy sigue sin resultar una solución idónea.

La idea persiste, ojo. Hace relativamente poco, una editorial de libros de texto contactó con mi centro para acudir a una reunión donde les diéramos retroalimentación de cómo usamos sus libros. Nos reunimos un grupo de docentes de diferentes niveles. Los profesores de las privadas ya estaban usando tablets y los de la pública seguíamos con el libro en papel. Aquella dicotomía les sorprendió a la editorial, ¿Por qué no seguir el ejemplo de la privada? ¿Qué nos ancla en un modelo atrasado?

Básicamente, usar tablets en vez de libros precisa de una inversión muy fuerte. Hay que reformar los centros, metiendo enchufes por doquier, normalmente en filas en el suelo o colgando del techo. Contratar planes de internet que soporten la carga de 700 alumnos conectados a la vez porque, si peta el router, se acabaron las clases. Los alumnos no traen libretas y se negarán a coger un lápiz. Finalmente, el esfuerzo eléctrico es brutal y hay que estar dispuesto a pagarlo. En un centro privado, donde se cobran 600 euros o más al mes, es plausible. En un centro público, es poco probable.

Cuando llegué a ese centro en 2012, la situación era dantesca. Las tablets se rompían por el sobreuso. Encendidas unas 8 horas al día, las baterías agotan su vida útil muy pronto. Golosas para los amigos de lo ajeno, hubo familias que, entre reparaciones y sustracciones, acabaron comprando tres en un curso. Las aulas tenían verjas para que no accediese nadie en los recreos y las puertas se reforzaron con cerrojos.

Que nadie crea que por tener una tablet desaparece el coste de los libros. Son sustituidos por licencias personales, que no se pueden prestar ni transmitir a otra persona, y tienen una fecha de caducidad. Es un chollo para las editoriales, que ahorran en distribución y costes.

Las clases eran diferentes. Mi capacidad visual se veía reducida a un mar de plástico negro donde no sabía si estaban haciendo los deberes o jugando al Candy Crush. Porque esa es otra, teniendo acceso a cualquier contenido, ¿de verdad iban a perder el tiempo con lo mío?

Algunas tareas perdieron todo su valor. Los "conecta los conceptos de estas dos columnas" se solventaban vía ensayo y error en segundos. Las redacciones eran corta-pega de internet, pasadas por los traductores y correctores correspondientes. Los momentos de escucha activa pasaron de ser colectivos a ser individuales, donde cada alumno iba a su ritmo. Algo positivo, por lo menos, pero muy pesado cuando había que lidiar con la falta de auriculares.

La fatiga visual y el hecho de no desconectar de redes sociales se cobra su coste. Y las relaciones interpersonales, en una etapa tan importante como la adolescencia, se resienten. Y mucho.

¿Y qué hay de las familias? ¿Están de acuerdo? Pues aquí va por barrios, cuanto más dinero, más contentos. El principal escollo con un temario puramente digital es que no hay manera de cortar el grifo de internet de la chavalada. Ya puede ser un manta o pasarse el día jugando online que siempre tendrá la excusa de que necesita internet para hacer los deberes o estudiar. Y las tablets les dan acceso a todo internet sin censura, así que a ver cómo castigas a ese vástago que te ha traído un boletín entero de calabazas.

La educación 100% digital llegará, pero aún no está exenta de problemas asociados.

Educación para la ciudadanía

Hagamos un poco de historia, para poner en contexto esta asignatura.

Marzo de 2004. El Partido Popular, tras el atentado yihadista en la estación de Atocha (Madrid) como consecuencia del apoyo español a la guerra en Afganistán, pierde las elecciones generales. El nuevo gobierno, presidido por José Luis Rodríguez Zapatero (PSOE), crea una "nueva" ley educativa, la LOE (Ley Orgánica de Educación) que incluye, entre otras "ideas de bombero", una asignatura que resultó polémica: Educación para la ciudadanía.

La asignatura, que se creó en 2006 por recomendación del Consejo de Europa y desapareció por completo en 2016, a priori, era una asignatura interesante que ya se estaba impartiendo en otros países con nombres parecidos ("ética y ciudadanía", "educación ético-cívica", y similares), que se dividía en diversos bloques, según fuese educación primaria o secundaria. En primaria, los bloques trataban sobre las características de los individuos que componen la sociedad, y cómo se interrelacionan entre sí, la vida en comunidad y la vida en sociedad. En secundaria, los bloques se enfocaban más en el respeto a la diversidad, la participación ciudadana, los derechos y deberes como ciudadano, un estudio sobre las sociedades democráticas modernas, y el papel de la ciudadanía en un mundo global.

Esto, que podría ser el sueño húmedo de cualquier profesor para convertir a sus alumnos en personitas válidas para la sociedad, se manipuló y tergiversó maliciosamente por parte de los sectores conservadores de la sociedad, que no habían tolerado demasiado bien el perder las elecciones de 2004. Argumentaron (agarraos, que viene curva) que, con esa asignatura, el Estado asumía la educación moral de los individuos, una educación con un contenido moral y político, de un sesgo muy determinado, y acusaron a "la izquierda" de pretender conducir la voluntad de los niños y moldear sus conciencias.

Sin embargo, ese sector conservador, por lo visto, no tenía ningún problema en que se impartiera religión católica en los centros educativos públicos. Al parecer, la religión no pretende moldear las conciencias, ni educar la moral, ni conducir la voluntad de nadie. Volviendo a uno de los puntos anteriores en este capítulo, ya me dirán entonces para qué se imparte religión.

Los que ya estábamos en la educación para ese momento, asistíamos con estupor a un espectáculo entre dantesco y patético, en el que la educación se estaba convirtiendo en el terreno de batalla de las distintas tendencias políticas. Y ojalá ese conflicto estuviese motivado por pretender una mejor calidad educativa, pero la realidad era muy distinta: La educación es un pastel demasiado grande y apetitoso como para permitir que lo controle el adversario. Lo importante no es repartir entre todos, sino que no se lo coma el adversario. Y si para eso hay que escupir encima del pastel, o pegarle un moco, pues se hace.

El caso más flagrante y bochornoso tuvo lugar en la Comunitat Valenciana, dirigida en aquella época por el Partido Popular (conservador). El Consejero de educación Alejandro Font de Mora Turón, médico forense de profesión, tuvo una ocurrencia especialmente ridícula para torpedear esa iniciativa educativa que suponía la asignatura "Educación para la ciudadanía": impartirla en inglés.

Escudándose en una supuesta necesidad de mejorar el nivel de inglés de los alumnos (necesidad que, no lo negaremos, existe), y posiblemente inspirado por su esposa, profesora de secundaria de inglés, el Consejero decidió que el curso 2008-2009 esa asignatura la impartirían en inglés una serie de profesores de geografía e historia o filosofía, que necesitarían estar en posesión del nivel C1 de inglés por la Escuela Oficial de Idiomas. Al hombre se le calentó la boca sobremanera, y anunció la medida antes de comprobar si, en efecto, había bastantes profesores que reuniesen esas características.

Y resulta que no, que no los había. En total, en toda la Comunitat Valenciana había una docena escasa de profesores que cumpliesen esos requisitos. Se les llamó "los apóstoles" (no es broma) por ser una docena, pero también "los héroes de Font de Mora". Evidentemente, después de anunciar la medida y ver que había saltado a la piscina sin ver si tenía agua, en vez de recoger cable ante la cagada vino otra ocurrencia aún más absurda que la primera. Y mira que el listón estaba ya alto.

Para aquellos centros que no contasen en sus filas con uno de "los héroes", la asignatura "Citizenship Education" la impartiría un profesor de geografía e historia o de filosofía, en co-docencia con un profesor de inglés, que iría traduciendo de forma simultánea al inglés todo lo que dijese su compañero.

El nivel de esperpento era tal, que llegué a plantearme dejar la docencia, porque tuve la sensación más que evidente de que con tal de denostar una asignatura que se imparte en toda Europa, y que busca formar ciudadanos, no les importaba lo más mínimo hacernos perder nuestro tiempo como docentes, o pedirnos imposibles para luego acusarnos de no alcanzar esos objetivos.

Evidentemente, el pitorreo era máximo. En mi centro de ese año, resulta que teníamos a uno de esos "héroes": un profesor de origen gallego que, gracias a su C1 de inglés, consiguió escalar muchísimos puestos en la bolsa de trabajo. Un gallego, enseñándole civismo en inglés a varios grupos de valencianoparlantes. El chiste es que se cuenta solo. Ni que decir tiene, que a la semana el buen hombre siguió dando sus clases en castellano, en aras de al menos impartir los conocimientos de forma eficiente y beneficiosa para los alumnos.

Posteriormente a la estupidez del "Citizenship education" de Font de Mora, vino un último estertor por redundar en el fomento de la lengua inglesa. En la Ciudad de las Artes y las Ciencias, organizaron un espectáculo de patinaje sobre hielo llamado "Disney on ice". Y ahí estaba el bueno del consejero, promocionando que los alumnos asistiesen a ese evento "para aprender inglés". Aprender inglés, viendo patinar sobre hielo a unos tipos disfrazados de personajes de Disney, ojo. Llegan a estar a la venta por aquel entonces ciertas galletas que afirman "qué fácil es hablar en inglés", y las hace almuerzo oficial en todos los colegios e institutos.

Ámbitos

"¡Hey, los alumnos de secundaria suspenden! ¿Qué tal si bajamos el nivel para que aprueben fácilmente sin recortar el currículo? Pues que corten y peguen como en primaria". Bienvenidos a la loca idea de los ámbitos, donde todo se soluciona con una exposición oral, un PowerPoint, algo de porexpán y papel continuo.

Las asignaturas ya hace años que están más conectadas entre sí que tu padre al WhatsApp. La idea de sacarse de la chistera una macro-asignatura en la que todas participen e interactúen entre sí viene de primaria, donde el horario y el temario se pueden adaptar fácilmente, pero ahora nos la quieren vender bajo la etiqueta "INTERDISCIPLINARIEDAD". Sólo por saber escribir bien esa palabra, ya habría que aprobar a los chavales. Hay institutos temáticos, donde todo el esfuerzo se centra en un gran proyecto, por ejemplo, una obra de teatro. Los departamentos colaboran creando el guion, la música, escenografía o ensayando y, al final del curso, se presenta la obra anual. Esto es posible gracias a, como has visto con las tablets, una enorme inversión económica además de un equipo directivo con una visión global de todo el proyecto.

Así pues, la supuesta "novedad" de trabajar por ámbitos en 1º de ESO, tiene poco o nada de novedoso. En la Comunitat Valenciana la idea vino del secretario Autonómico de Educación y Formación Profesional, Miguel Soler Gracia, progresista de boquilla y maestro de primaria, al considerar que el tránsito entre la educación primaria, con un único docente para casi todas las materias, y la educación secundaria, con un docente para cada materia, suponía un hándicap para los alumnos. Una visión simplista y paternalista. Y, sobre todo, y teniendo en cuenta que la ESO se implantó en el curso 1996-97, y que sólo hace un par de años de este invento de los ámbitos en 1º, pues no sé… Premura, lo que se dice premura para evitar el "choque" a los alumnos que pasan de primaria a secundaria, no parece que haya tenido nadie.

Trabajar por ámbitos es algo que se lleva haciendo, literalmente, desde que se empezó a aplicar la ESO. El trabajo por ámbitos implica que se agrupan las llamadas "materias afines" en macro-asignaturas o ámbitos, normalmente un "ámbito científico" que aglutina matemáticas, física y química y biología, y un "ámbito humanístico" que aglutina lengua española, geografía e historia y la lengua autonómica (si la hubiese). El profesor que imparte ese ámbito es una especie de hombre o mujer orquesta, con una capacidad organizativa alta, una ratio en el aula relativamente baja, y pasa muchísimas horas con ese grupo. A ese respecto, sí que se parece bastante a cómo funciona un grupo en primaria.

Este tipo de agrupamiento es el que se utiliza en los grupos de diversificación curricular en secundaria, llamémosle FPB, PDC o PDC4 e insisto, se lleva haciendo desde que la ESO va rodando por los institutos. Entre sus beneficios, está el hecho de que un solo docente controle a qué ritmo se imparten los contenidos de 3 asignaturas, y decide en virtud de las características de los alumnos qué peso se le da a cada materia. Pero para que la cosa funcione, es importante que haya una coordinación específica con el resto de profesores del grupo, una dedicación casi exclusiva, y un grupo reducido y con unas características muy específicas.

¿Es eso mismo lo que se pretende hacer en 1º, o incluso en 2º de la ESO?

Ni de lejos. El punto de partida no podría ser más distinto, ya que nace de una creencia errónea: que todos los chicos de primaria son de cristal de Bohemia, y hay que llevarlos entre algodones por si se nos caen al suelo y se hacen añicos. Muy al contrario, los alumnos que pasan a secundaria suelen estar deseando probar esa nueva experiencia (sólo hay que verlos en las jornadas de puertas abiertas). Es posible que haya algún caso en el que la medida de los ámbitos podría funcionar, pero eso no justifica que se aplique absolutamente a todos los alumnos.

A nivel organizativo, además, hay una diferencia bestial entre los maestros de primaria y los profesores de secundaria. En primaria está el perfil de "maestro generalista", el que sabe de todo un poco, y luego hay especialistas en educación física, idioma extranjero y música. Los especialistas también están habilitados como maestros generalistas, pero la cosa no necesariamente funciona al revés. Sin embargo, en secundaria todos somos especialistas en nuestros respectivos campos, y ello no implica que tengamos que dominar otras materias, como sí sucede en los "gymnasium" alemanes, en los que cada profesor imparte un par de materias no necesariamente relacionadas. En el sistema alemán, un profesor de matemáticas puede serlo también de geografía, o el de música puede enseñarte francés, pero aquí el profesor de geografía e historia puede que no sepa explicarte qué es una oración subordinada sustantiva, o que el de matemáticas se pierda al tener que explicar la taxonomía del reino animal.

Ese es el principal escollo: un profesor de secundaria conoce a la perfección su materia, pero no está necesariamente habilitado para impartir otras. Habrá quien diga que total, estamos hablando de 1ºESO, que tampoco se imparten tantos contenidos, pero es que no es justo. No es justo para los alumnos, porque no van a tener a un profesor especializado en cada una de las materias que van a estudiar, con lo que eso implica en la motivación y la pasión que se ha de transmitir al estudiante. No es justo tampoco para los docentes, que acaban impartiendo una materia que no controlan, y tal vez se encuentren con dudas por parte de los alumnos que no van a poder resolver. Y cuando el profesor no consigue enseñar a la misma velocidad que sus alumnos aprenden, se convierte en un lastre.

¿Quiere eso decir que los ámbitos son malos? En absoluto. Ya hemos visto que son útiles, pero en circunstancias muy específicas. En grupos donde haya una dificultad manifiesta de aprendizaje, trabajar por ámbitos puede facilitar la adquisición de conocimientos **básicos**, como los mencionados grupos de diversificación. Sin embargo, esa bajada de listón puede ser desastrosa si se aplica en grupos, digamos, "normalizados": si tu grupo de 24 alumnos de 1º ha entendido perfectamente cómo funcionaba la sociedad romana en el siglo I antes de Cristo, ¿qué necesidad tienes de pasarte un mes haciendo una maqueta del Coliseo con porexpán blanco? Si todo el mundo ha entendido lo que es una órbita heliocéntrica, ¿para qué dedicarle dos semanas a hacer una maqueta del sistema solar?

Por tanto, "ámbitos sí, pero". Ámbitos en 1º de la ESO exclusivamente si se puede rescatar con ello a un grupo de alumnos con dificultades educativas que se nos "perderían" en un grupo ordinario. Y darle continuidad, en ese caso, con un 2º ESO por ámbitos, un 3º y un 4º de diversificación, que les facilite el acceso al título de graduado y, con ello, al mercado laboral o a una formación profesional en condiciones.

Ámbitos para dedicarte a agrupar materias, y a empobrecer el currículum innecesariamente, NO. Ni por el estrés que supone para los docentes, ni por el escaso rédito académico que obtiene el alumno estándar. Nadie se debería tomar un antibiótico si no se encuentra enfermo y se lo prescribe un médico. Nadie debería trabajar por ámbitos si no es estrictamente necesario, y así lo considera el departamento de orientación, el equipo docente, los padres y el propio alumno.

Atención educativa

Imagina que es la hora de merendar y, en un arrebato goloso, decides comprarte un Bollicao porque te apetece ponerte hasta las cejas de chocolate. Le das el primer mordisco, y sólo hay bollo. El segundo mordisco, y lo mismo. Y así, hasta que te acabas el bollo y el chocolate ni se ha asomado. ¿Te sentirías defraudado, cabreado, y te ciscarías en el que ha fabricado dicho bollo?

Pues algo parecido pasa con "atención educativa", una especie de pseudo-asignatura comodín, que puede impartir cualquier docente, y que supone una o dos horas en el horario del pobre desgraciado al que se la encasqueten. Originalmente ideada como la "asignatura espejo" de religión, aparece y desaparece de los planes de estudios dependiendo de cuánto escrúpulo tenga el gobierno de turno en reemplazarla por "valores éticos" o no. Normalmente, cuando en la comunidad autónoma correspondiente gobierna un partido conservador, "valores éticos" desaparece y surge "atención educativa", y cuando los vientos electorales cambian, vuelven los valores éticos y desaparece la atención educativa. Sí, lo habéis adivinado… La religión no se mueve del sitio, y los conservadores no quieren ni oír hablar de una asignatura que, *de facto*, enseñe derechos constitucionales, tolerancia y civismo a los alumnos. Es por eso que la "atención educativa", tal y como está planteada, aparece como los champiñones si hay el más mínimo indicio de que se le puede quitar a la iglesia la exclusiva de la educación moral.

¿Qué se hace en "atención educativa"? Pues absolutamente nada. No hay un temario oficial, ni una programación, ni siquiera es evaluable. Si con esto estás pensando que es una hora de guardería gratuita para los padres, lo has clavado, porque según la administración, eso es lo que hay que hacer: ayudar a los chavales a que hagan los deberes que no pueden (no quieren) hacer en casa por falta de tiempo (de ganas).

La idea, que no es mala del todo, está destinada al fracaso desde el momento en que tienes unos 24 alumnos en el aula, cada cual con unas características distintas, en una hora para la cual no hay temario oficial. Unos días puede que les hayan puesto deberes de matemáticas, y otros de tecnología, así que ya me cuentas qué vas a hacer tú ahí, si eres de lengua castellana. Por no hablar de que algunos tendrán ya un profesor de repaso que les ayudará de forma personalizada, y no entre el griterío de los otros compañeros.

Lo habitual es que esta materia esté situada a última hora, idealmente de un viernes para asegurarse de que al menos intentan completar algo de todo lo que les han mandado. ¿La realidad? Que no van a pegar ni sello, van a estar hablando, sacando los móviles, dibujando… lo que sea, menos la tarea que deberían estar haciendo. Puede tener más éxito si, en vez de a última hora, la colocan a primera hora de un lunes. Ahí será un auténtico bullicio de gente intentando hacer los deberes en el último minuto (copiárselos, en realidad), para evitar algún que otro negativo o llamada a los padres. Eso, claro está, si se dignan a aparecer por clase un lunes a las 8, siendo que no hay temario ni nota al respecto.

¿Conclusión? Otra asignatura totalmente absurda, y una forma de perder tus escasas energías si te toca impartirla. Igual los primeros días intentas, por pundonor, que los chicos hagan sus deberes, pero en cuanto te digan que no tienen tareas que hacer, te han desarmado por completo. Habrá quien piense "se puede hacer un dossier de ejercicios para cada asignatura"... ¡JA! Quédate bien con la cara del que diga eso, porque tienes ante ti a una persona con poca experiencia pero que ha leído demasiada teoría sobre la docencia. Y, evidentemente, no se ha leído este libro que tienes en tus manos. ¿Qué haces entonces, ponerles una peli? Desde luego, no te van a dar guerra, pero menudo desperdicio de tiempo que va a ser eso. Puedes aprovechar e intentar ponerles cine de calidad, con mensaje, grandes obras del séptimo arte... pero a la segunda película que vean en la que no hay persecuciones, tiroteos, y cierto grado de erotismo, no van a querer ni mirar la pantalla. Incluso puede que, por aburrimiento, se pongan a hacer los deberes. Si ese era tu plan original, te aplaudimos. Si no era tu plan, pero lo has conseguido igualmente, bendita serendipia.

Desayunos saludables

Los alumnos no se alimentan bien. Ese exceso de aperitivos salados, bollería industrial y bebidas energéticas es un cóctel brutal para su organismo. A ellos les da igual, porque están en una fase en la que queman grasas a gran velocidad y el futuro les importa poco. Serán adultos que se alimentarán peor, condicionados por el gusto que desarrollaron en esta etapa y ahí ya no se podrán recuperar tan fácilmente de estos ataques a su estómago.

Para contrarrestar esta epidemia del primer mundo, se han venido desarrollando diferentes campañas de hábitos saludables. No nos engañemos, es complicado hacerle ver a un alumno el valor de una manzana frente a un bollo goteando cacao. Y por eso la mayoría de proyectos fracasan al pasar de la teoría a la práctica.

Una de esas ideas geniales fue la promoción del hábito de desayunar para tener reservas de energía durante el horario escolar:

los desayunos saludables. Los alumnos debían llevar su desayuno al aula. Cuanto más natural, mejor. Los profesores impartían la primera de sus clases y el profesor siguiente debía dedicar 10 minutos a que los alumnos desayunasen. En el aula. Sin excepciones. La receta para el desastre.

Algunos alumnos sacaban un tapete, otros fruta ya cortada, zumos, batidos, bocadillos… hasta las variedades más exóticas y sazonadas con curry que se puedan imaginar. El experimento fue un caos. Decenas de alumnos comiendo en silencio es algo que sólo ocurre en la mente de un político. En la realidad acababan tirando migas por el suelo, mascando a voz en grito, compartiendo trozos de sándwich, lanzando rodajas de chorizo cual discóbolo y burlándose de la comida de otros. También estaban los negacionistas, que nunca traían nada porque no les gustaba desayunar o porque ocultaban que provenían de familias más humildes. Al final, el profesor tenía que usar toda su energía en reconducir la clase, que solía quedar hecha un asco para el resto de la mañana.

Todas estas ideas fracasaron por un sólo motivo: nadie preguntó a los implicados, los profesores. Se tomaron las decisiones en despachos, buscando intereses políticos, y dando palos de ciego que sólo consiguieron ralentizar el proceso de enseñanza. Más profesionales del gremio en cada ministerio sería la solución.

EPÍLOGO

Ser docente en el siglo XXI es parecido a la *stand-up comedy* en un bar de copas: trabajas de cara al público, improvisas mientras sigues un guion, y te adaptas a los espectadores que te han tocado. Tu jefe sólo está ahí para asegurarse de que todo va bien y de que nadie proteste. Si la cosa se tuerce, cuenta con tus tablas para que saques el "show" adelante.

Hemos ido desgranando tareas y dando ejemplos que parecen inverosímiles pero que, no lo dudes, son todos reales y los hemos puesto en práctica con mayor o menor éxito.

Esta profesión necesita de gente como tú, que quieres darlo todo y formar a los futuros ciudadanos para que la sociedad vaya a mejor. Si estás en ésto por el dinero, *meeeec*, te has equivocado; si estás en ésto por las vacaciones, *meeeec*, te has vuelto a equivocar; si estás en ésto por el prestigio social, *meeeec*, te has equivocado por tercera vez. Es triste decirlo así, en un epílogo, pero nuestra profesión no está tan bien pagada como otras del mismo nivel administrativo, las vacaciones no son los tres meses que va diciendo la gente por las barras de los bares, y el concepto que tiene parte de la sociedad es que somos unos vagos, que trabajan poco, cobran mucho, y siempre están cogiéndose bajas. Si de verdad quieres ganarte la vida con ésto, te va a costar mucho esfuerzo y alguna lágrima, pero nunca lo hagas a costa de tu vida privada. Aprende tus competencias para no extralimitarte. Ser profesional implica realizar tu trabajo correctamente y estar bien formado. Casi cualquiera se puede poner delante de un grupo de personas y contarles cualquier pamplina (piensa en nuestros políticos y en esos mítines tan bonitos que dan, plagados de ideas imprecisas aptas para un público aborregado), pero hacerlo ante una audiencia tan complicada como es un aula, y conseguir cumplir una serie de objetivos para con tu materia y con la sociedad… Eso es algo cercano a la maestría. Y gracias a este libro, que trata de explicarte detalles para anticiparte a los conflictos, ahorrarte tiempo y problemas, tú estás un poco más cerca de conseguirlo.

Esperamos que te lo hayas pasado tan bien leyendo como nosotros escribiendo (toma cliché), y sólo resta darte las gracias por llegar hasta aquí. Eres un buen docente y, con el tiempo, vas a ser aún mejor.

Vaya, al final ha quedado un consejo digno de Don Chupiguay. Te cedemos los derechos para que te hagas una taza con la frase.